셀프 리더십 코칭

| 배은경 지음 |

가림출판사

책머리에

≪셀프 리더십의 긍정적 힘≫ 이라는 책이 나왔던 당시에는 아직 셀프 리더십이라는 말이 생소했던 시기였습니다.

그동안 리더십(leadership)을 강의하며 늘 아쉽게 생각되는 부분이 있었습니다. 다른 사람에게 영향력을 주는 것에 앞서 자신 스스로의 삶에 긍정적인 영향력을 발휘할 수 있어야 한다는 점입니다.

얼마 전까지는 셀프 리더십을 주제로 강연을 하면 리더십의 개념을 먼저 설명하고 난 후 셀프 리더십을 설명해야 했습니다. 그만큼 셀프 리더십에 대한 인식이 미비했기 때문입니다. 그러나 현재는 셀프 리더십의 중요성을 많은 사람들이 인지하고 있는 시점입니다. 그 결과 학교, 기업체를 비롯한 여러 곳에서 셀프 리더십이라는 주제로 강의 요청이 많아지고 있습니다.

수업을 통하여 강의를 듣는 많은 분들의 놀라운 변화를 직접 경험하면서 셀프 리더십의 확산이 미래의 희망이라고 확신하게 되었습니다.

셀프 리더십을 발휘하기 위해서는 세 가지가 필요합니다.
첫째, 자기 인식을 통하여 자신의 본질과 행동패턴을 알아야 합니다.

둘째, 자기 이해를 통하여 자기 행동패턴의 핵심 동기와 두려움을 알아야 합니다.

셋째, 자기 통합으로 동기 유발하고 성장하는 셀프 코칭을 하는 것입니다.

지금까지 셀프 리더십을 발휘하기 위한 셀프 리더십 코칭 전문가 과정을 개발했고, 2015년에는 셀프 리더십 코칭 전문가 자격 과정도 민간 자격증으로 등록을 하게 되는 결과도 이끌어 냈습니다.

현재 필자는 셀프 리더십 코칭 전문가 자격 과정을 진행하고 있습니다.

각자 생각하는 가치관이 다르니 행복과 성공에 대한 생각도 다를 것입니다. 하지만 우리는 궁극적으로 행복한 성공을 하고 싶어 합니다. 자신이 꿈꾸는 행복한 성공을 위해서는 실천하는 셀프 리더십이 필요합니다.

삶이라는 여정 속에서 우리에게 많은 상황들이 다가올 것입니다. 행복한 상황이거나 불행한 상황이거나 그 어떠한 상황에서도 자신에게 긍정적인 영향력을 지속적으로 발휘하여 성장하는 삶을 살 수 있게 하는 원동력이 셀프 리더십이라고 생각합니다.

다시 개정판으로 책을 출판하기까지 많은 고민이 있었지만 사랑하는 가족들과 필자의 강의를 듣고 고마움을 전하는 학습자들이 필자의 마음에 큰 힘이 되어 줌으로써 이 책이 세상에 나오게 되었습니다.

아무쪼록 많은 분들에게 ≪셀프 리더십 코칭≫이 성장하는 삶에 별빛이 될 수 있기를 희망합니다.

저자 **배은경**

차례

책머리에…7

01
셀프 리더십 코칭

셀프 리더십 코칭…14
셀프 코칭은 프레임의 변화다…16

02
자기 안의 탁월성 코칭

자신의 비전을 파악해야 셀프 리더십을 발휘할 수 있다…28 | 내가 실현하고 싶은 꿈의 목록…31 | 삶의 주인공은 나…33 | 열렬히 갈망하는 나의 꿈은…36 | 꿈은 나침반이고 북극성이다…39 | 꿈의 목록 적어 보기…41 | 나를 존재하게 하는 핵심 가치는 무엇인가?…47 | 내가 분명히 원하는 욕구를 아는가?…50 | 내 인생지의 목적지는 어디인가?…52 | 자신을 경영하는 CEO가 되라…54 | 목표는 꿈과 현실을 이어주는 다리…62 | 인생의 큰 그림을 그리고 구체적인 목표를 세우자…70 | 목표는 꿈의 실현을 촉진시킨다…73 | 긍정의 사다리를 가동하자…75 | 성공한 삶은 어제보다 성장하는 삶이다…77 | 스스로에게 동기 부여하고 실행하자…80

03 정서관리 코칭

마음의 운영 체계 마음구조(mind frame) 틀을 바꾸자…86 | 변화를 수용하는 유연성이 필요하다…90 | 긍정적인 생각과 말이 원하는 삶을 만든다…94 | 행복하게 만드는 기술 앵커링…98 | 셀프 앵커링 연습 과정(정서상태 관리하기)…101 | 중심 잡기 센터링을 해 보자…103 | 긍정적 기대는 자신에 대한 신뢰가 필요하다…105 | 습관이 쌓이면 그것이 인생이 된다.…108 | 좋은 결과를 그려 보는 것도 습관이다…113 | 긍정적인 자기 이미지 만들기…120 | 인사와 목소리에도 호감을 얻을 수 있는 비결이 있다…123 | 세상을 보는 마음의 창 프레임…126 | 관점의 틀 바꾸기…129 | 세상을 보는 관점 패러다임의 전환…131 | 같은 현실이라도 마음먹기에 따라 다르게 보이는 것…133 | 성과중심의 성공 프레임으로 바꾸기…138 | 내가 가지고 있는 제한적 신념들…141 | 제한적 신념의 예…144 | 원하는 것을 위한 변화의 시작, 셀프 리더십…146

부록 : 셀프 리더십 코칭 활용하기…152

셀프 리더십 코칭

셀프 리더십 코칭

　셀프 리더십(self-leadership)이란 자기 자신이 스스로의 리더가 되어 자신의 태도와 행동에 긍정적인 영향력을 발휘하며, 스스로 방향을 설정하고 동기를 부여하여 주도적으로 실천하는 것이다.

　코칭(coaching)은 개인지도나 교육을 통하여 자신이 원하는 삶으로 변화와 성장을 돕는 과정이다.
　코칭하면 떠오르는 단어는 가능성, 지원, 칭찬, 격려, 능력 개발, 방향성, 동기 부여, 경청, 관심, 결과, 성과, 잠재능력, 지지, 기대, 신뢰, 변화, 성장, 프로세스, 촉진, 변화, 에너지, 관점, 목표, 해결방법, 행동변화, 실행 등이다.

　셀프 리더십 코칭은 성장하는 삶을 주도적으로 모색할 수 있고, 궁극적으로 스스로의 코치가 되어 자신이 지닌 가능성과 잠재능력을 개발하고 원하는 결과를 이룰 수 있도록 스스로를 코칭하는 것이다.

셀프 리더십 코칭이 필요한 이유는 자신의 태도와 행동을 변화시킬 수 있는 자원을 자기 안에 가지고 있고 스스로 변화하고자 하는 생각이 없다면 변화는 어렵기 때문이다.

셀프 리더십 코칭(self-leadership coaching)을 하기 위해서는 자기 인식을 통하여 자기 자신(self) 찾기가 우선되어야 한다.

내가 나를 잘 알고 있다고 생각하지만 '나는 누구인가?'라고 자문해 본다면 명료하게 말할 수 있는가?

내가 세상을 살아가는 이유, 삶의 방향을 결정해 주는 나의 가치, 내가 좋아하는 것, 내가 가지고 있는 자원, 진정으로 내가 하고자 하는 것, 내가 원하는 것을 말할 수 있는가?

셀프 리더십을 발휘하는 삶은 자신의 욕구 실현을 통해 심리적으로 만족감을 느끼며 삶의 주인이 된다는 것이다.

셀프 리더십을 발휘하는 삶은 자신의 사고패턴, 감정패턴, 행동패턴을 인식하고 긍정적인 영향력으로 동기를 부여하여 주도적, 지속적으로 실천하는 것이다.

스스로 능동적인 선택을 자유롭게 하고 자신의 선택을 행동으로 실천하는 데는 많은 용기가 필요한데, 그 과정에서 자신을 한층 건강하게 통합하고 자기 완성을 이뤄나갈 수 있다.

셀프 코칭은 프레임의 변화다

셀프 코칭(self-coaching)은 비전을 가지고 자신을 설득, 변화시켜 원하는 삶을 살게 하는 것이다.

셀프 코칭은 스스로에게 질문을 함으로써 생각하게 하고 답을 얻기 위해 노력하게 한다. 사람은 자기 스스로 이해하고 설득이 되어야 행동으로 이어지게 된다.

자신의 인생을 주도적으로 살아가는 사람이란 스스로 동기를 부여하고 자신의 행동에 책임을 지면서 스스로 답을 찾기 위해 노력하는 사람이다. 즉 자신감을 가지고 자신의 능력을 최대한 발휘하고 목표를 이룰 수 있도록 스스로 내 안의 멘토가 되어, 자신의 태도와 행동을 코치하는 것이다.

무엇보다 내가 원하는 것을 이루기 위해서는 내가 진정으로 원하는 것을 아는 것이 중요하다. 인간은 능동적인 존재이고 세상에 누구도 내가 해야 할 일을 결정해 주는 각본을 대신 써줄 수는 없다. 오직 자신만이 자신의 인생에 대한 각본을 쓸 수 있다.

내가 원하는 것을 알아낸 다음 이것을 이루기 위해서는 행동하는 용기가 필요하다. 내가 원하는 것에 집중하고, 생각하고, 시각화해 보고, 행동하자.

셀프 코칭은 무한한 잠재력을 가진 자신의 욕구를 이해하고 스스로를 코칭하는 것이다. 자신이 원하는 목표를 스스로 세우고, 자신의 가능성에 대한 신뢰를 바탕으로 자신의 잠재력을 잘 발휘할 수 있게 하자는 것이다.

스스로에게 동기 부여하고 관점을 달리하여 변화와 성장을 하게 하는 것이 셀프 코칭이다. 특히 자신의 상황을 잘 아는 자신이 스스로의 상황을 파악하고 자기 문제의 본질을 이해해야 하며, 변화의 주체인 자신에 대한 책임감이 절대적으로 필요하다.

<u>셀프 코칭은 스스로 동기 부여를 하고 원하는 목표를 달성하기 위해 문제의 원인과 해결책을 스스로 찾고 행동의 변화를 통하여 매일 조금씩 성장해 가는 것이다. 스스로 원하는 목표를 설정하고 설정한 목표를 이루는데 방해적인 요소들을 찾아보고, 목표를 달성하기 위해 현실에서 제약이 있다면 대안을 찾아 해결해 나가는 것이다.</u>

목표를 달성할 수 있는 대안을 찾았다면 실행하는 것이 셀프 코칭이다. 자신의 욕구를 깨닫고 욕구를 해결해 나가는데 어려움이 있다면 그 어려움을 극복하는 방법을 찾고 도와주는 사람이 코치의 역할인데 셀프 코치는 스스로 해보는 것이다.

자신이 발전하려는 욕구가 있어야 하고 자신의 잠재된 강점을 알아내는 것, 그리고 목표를 설정하고 목표를 달성하기 위하여 알고 있는 지식을 기반으로 연습하고 기술화시키는 것이 셀프 코칭을 하는 것이다.

셀프 리더십 코칭 프로세스

1. G : 목표(goal) : 나의 목표는 무엇인가?
2. R : 현실(reality) : 자신의 현실을 구체적으로 파악하기 – 목표와 현실사이 차이 인식하기
3. O : 대안(option) : 현실을 극복할 대안 찾기(3가지)
4. C : 선택(choice) : 대안 중에서 한 가지 선택하기
5. A : 행동(action) : 선택한 대안 실행하기

셀프 리더십 코칭 활용하기

1. 내가 원하는 구체적인 목표가 무엇인가?
2. 목표는 나의 삶에 어떤 가치가 있는가?
3. 목표를 달성한 후 확인은 어떻게 하는가?
   보이는 것은?

들리는 것은?

어떤 느낌?

4. 목표는 언제, 어디서, 누구와 만들고 싶은가?
5. 목표가 달성되면 일상생활에서 어떤 변화가 일어나는가?
6. 목표를 달성하는데 이미 가지고 있는 능력은 무엇인가?
7. 목표를 달성하기 위해 추가로 필요한 능력은 무엇인가?
8. 현재 목표를 가로막고 있는 장애 요소는 무엇인가?
9. 현재 장애 요소를 극복할 대안은 무엇인가?
10. 원하는 결과를 이루기 위해 처음으로 어떤 행동을 해야 하는가?

⊃ 셀프 코칭 피드백하기

1. 자신의 사고패턴, 감정패턴, 행동패턴을 생각해 본다.
2. 자신이 현재 패턴을 계속 유지해 나가면 자신의 삶에 어떤 영향을 미치는지 생각해 본다.
3. 자신의 현재 모습에서 원하는 모습으로 변화시킨 후의 차이에 대해 알아 본다.
4. 자신이 앞으로 어떤 모습이 되기를 원하는지 생각해 본다.
5. 현재 자신은 어떤 모습인지 생각해 본다.
6. 원하는 모습으로 변하려면 지식, 기술, 태도 등 무엇이 필요한지 생각해 본다.
7. 구체적인 행동목표를 정한다.

⊃ 셀프 코칭을 하기 위해서는 인지주의관점이 필요하다

'인간의 마음이 어떻게 작용하는가'를 연구하는 학문이 인지심리학이다. 자신의 인지과정을 이해하고 체계적인 자기 관찰을 해보자.

내가 원하는 것이 무엇인가?

자신에게 원하는 정보를 전달하고 이를 인식하고 수용하는 자신의 태도를 관찰하자.

끊임없이 자신을 이해하고 성찰하며 자신에게 질문해야 한다. '나는 누구인가? 내가 가장 소중하게 생각하는 것은 무엇인가? 앞으로 나는 어떻게 살고 싶은가? 그렇게 살기 위해서 나는 어떤 행동을 해야 하는가?'

자신을 관찰하면 습관적인 자신의 패턴들을 알게 된다.

자신이 원하는 것을 위해 자신의 욕구를 조절하고 통제할 수 있는 자기통제 능력이 있는 습관도 패턴이다. 자신의 성격적인 특징들을 파악하고 자신을 제한하고 있는 패턴을 알아가는 것이 필요하다.

우리는 자신도 모르게 동기(motivation)에 의하여 형성되어 있는 습관화된 패턴이 있다. 습관화된 나의 패턴을 잘 볼 수 있다면 감춰진 나의 강점, 보완해야 하는 점을 알게 되고 성장하는 삶으로 만들어갈 수 있다.

우리의 생각도, 행동도, 감정도 패턴이 있는 자신을 명확하게 볼 수 있어야 한다. 우리의 모든 행동은 순간마다 생각하고 판단한 결과에 따른 것이 아니라, 나도 모르게 형성된 오랜 습관에서 비롯된 경우가 많다.

이처럼 습관화된 패턴에서 벗어나 현재 내가 원하는 것으로 변화하는 과정은 쉽지 않다. 특히 자신이 원하는 목표달성을 위해 자신의 욕구를 조절하고 통제할 수 있는 자기관리 능력, 자기통제 능력은 셀프 리더십에서 꼭 필요하다.

자기관리 능력이란 자신의 욕구를 알고 자기 관찰을 통하여 부족한 부분을 인식하는 것이다. 그리고 엄격한 자기 평가를 통해 부족한 부분을 개선하고 실천하는 것이다.

수학 공식, 영어 단어 등도 학습을 해야 나의 지식이 되듯이, 셀프 코칭도 실생활에서 반복적인 연습을 통해야만 자신에게 경쟁력 있는 기술이 될 수 있다. 다른 나라 언어를 배울 때에도 매일 꾸준히 연습하지 않으면 할 수 없는 것처럼 셀프 코칭도 자신의 삶에 습관으로 자리 잡으려면 지속적인 학습과 연습이 필요하다.

⊃ 셀프 코치가 되자

웹스터 사전에는 코치란 '조언(instruction)과 실연(demonstration)에 의하여 집중적으로 훈련하는 것'으로 정의하고 있다.

중세시대에 선수와 팀의 경기력 향상과 발전을 지원하기 위하여 스포츠 코치가 등장하였고, 오늘날에는 다양한 분야에서 성장·발전을 이루고자 하는 사람들을 지원하는 사람으로 비즈니스(business) 코치, 웰니스(wellness) 코치, 라이프(life) 코치 등으로 다양화되고 있다.

코치란 자신이 원하는 것을 이룰 수 있는 잠재능력과 가능성을 찾을 수 있도록 돕는 사람이다. 또한 발전하고자 하는 의지가 있는 개인의 목표설정과 목표성취를 위해 도움을 주는 협력적인 파트너이기도 하다.

코치는 자신의 현재 상황을 진단하고 적절한 질문을 통하여 목표를 성취할 수 있도록 지원한다. 코치의 궁극적인 목표는 스스로 자신의 가능성을 발견하고 목표를 실현하도록 지원하고 격려하는 것이다.

자전거를 배우는 상황을 상상해 보자.
처음 배울 때에는 누군가의 도움을 필요로 한다. 초보자에게 작동 원리도 설명해 주고, 직접 시범도 보여 주고, 자전거가 비틀거릴 때 잡아 주며 지도해 주는 사람이 코치이다.

코치가 슬그머니 자전거를 잡았던 손을 놓아도, 계속 자신의 자전거를 잡고 있다고 믿고 안심하면서 페달을 밟는데 집중하다 보면 어느새 혼자 자전거를 타고 있는 자신을 발견하게 될 것이다.

코치의 도움을 받아 혼자 탈 수 있게 되면, 그 이후부터는 코치의 도움 없이 혼자서 자전거를 즐기면서 잘 탈 수 있게 된다.

이와 같이 무엇이든 처음 배우는 과정에서는 누군가의 도움을 받으면서 시작하지만, 그 도움을 계속 받게 된다면 스스로 자립할 수 없는 삶이 된다. 여기서 짚어볼 중요한 한 가지는 자전거도, 수영도, 테니스도, 운전도, 골프도 모두 숙련된 코치로부터 배우지만 일정 시간이 지나면 개인간 실력 차이가 난다는 점이다. 이 차이는 전적으로 많은 연습을 한 사람과 배우기만 한 사람의 차이에서 비롯된 것이다.

코치의 역할이 과거에 내면화한 학습 내용을 의식적으로 지각할 수 있도록 돕는 것이라면, 셀프 코치는 학습한 기술들을 연습하도록 스스로 결정하고 행동하게 하는 것이다. 자신이 자신의 내면을 들여다 보면서 스스로에게 물어보고 내면의 소리를 듣고, 그러면서 스스로 결정을 하고 동기를 부여하며 인생 각본을 만들어 가는 것이다.

⊃ 자아 개념은?

자아 개념(self-concept)은 자기 자신에 대한 의식이나 관념이다. 우리 마음이 그려낸 자화상으로 자기 자신을 그린 그림이다. 자신의 사고와 행동의 원천인 동시에 바탕이 된다. 자아 개념은 자신이 하는 역할 속에서 일어나는 여러 타인과의 상호작용 속에서 역동적으로 나타나는 결과물로, 타인과의 관계를 결정짓는 인간관계의 기본이 된다.

미국의 세계적인 심리학자 수퍼(Donald E. Super) 학자는 발달과정이 인간의 전 생애에 걸쳐서 이루어지고 변화되는 것이라고 가정하고 개인과 환경과의 상호작용에 의한 적응과정에서 개인의 자아 개념이 중요하다고 역설했다.

많은 실패경험이 있는 사람일 경우 '나는 해봐도 안될 거야'라고 생각하고 미리 포기하고 도전도 하지 않지만, 성공경험이 많은 사람은 '일단 해보자'라고 마음을 먹고 행동하는 경향이 크다.

자아 존중감(self-esteem)은 자신의 가치에 대한 스스로의 판단이다. 개인의 자존감은 어린 시절 형성되어 일생동안 유지된다. 또한 자아 존중감이 낮은 사람들은 긍정적인 상황에서는 긍정적이지만 부정적인 상황에서는 더욱 부정적으로 변하게 된다.

자존감은 자기 효능감과 대인관계로 만들어져 있다. 자기 효능감이 높아지면 자아 존중감도 높아진다. 어린 시절 형성된 자아 존중감을 높이는 방법 중 자기 효능감을 높이는 방법으로, 교육심리학자인 반두라(Albert Bandura)는 숙달과 성취의 경험을 강조하는데, 무엇이든 작은 일이라도 계속 성취하는 것이 중요하다고 했다. 즉 작은 목표를 구체적으로 세우고 성실히 수행하는 것이 매우 중요하다는 것이다.

자기 효능감(self-efficacy)은 자신의 행동능력에 대한 믿음으로 행동을 성공적으로 수행할 수 있다는 신념으로 높은 자기 효능감(내가 어떤 일을 할 수 있다는 확신과 자신감)을 가질 때 일을 수행할 수 있다고 믿는 반면 낮은 효능감은 그러한 행동을 할 수 없다고 생각한다.

자신의 욕구를 조절하고 통제할 수 있는 자기통제 능력은 자기 효능감에 영향을 준다.

셀프 리더십을 발휘하기 위해서는 자기 효능감이 중요하다.

자신을 유능하다고 믿는 마음은 자신 스스로 결정하고 내재적동기를 유발하여 행동하게 한다. 작은 성공경험들은 자신을 신뢰하고 자신의 능력이 향상되고 있다는 것을 알게 해주고 자신을 지지하는 마음이 생기게 한다. 스스로 능력을 증진시키고 자신이 실행한 부분에 대하여 부족하다고 인식한 부분은 보완하려고 한다.

자기 효능감은 내적동기에 영향을 주고 지각된 자신의 유능감, 성취감은 문제를 성공적으로 해결해 나갈 수 있게 한다. 작은 성공경험들이 모여 자신을 유능하다고 믿게 되면서 자기 효능감을 높이게 한다. 자신을 통제하는 사람은 일의 결과를 자신의 노력으로 평가한다. 일의 결과를 자신의 노력으로 보는 사람은 생각하거나 계획한 대로 일을 해내는 수행능력도 높고 장기적인 목표성취를 위해서는 즉각적인 만족을 지연시킬 줄도 안다.

자기 안의 탁월성 코칭

자신의 비전을 파악해야
셀프 리더십을 발휘할 수 있다

내가 원하는 것이 무엇인가?
나를 가슴 뛰게 하고 행동하게 하는 삶의 이정표는 무엇인가?
나에게 방향성을 제시하는 가장 소중한 가치는 무엇인가?
자신의 가슴 뛰는 비전이다.

비전은 인생항로의 등대이고 나침반이고 지도이다. 비전을 생각하고 행동하며 산다는 것은 인생의 주인이 바로 자신이 된다는 것을 뜻하기도 한다.

비전설정은 자신의 목적을 알게 하여 자기 이해를 도울 수 있다. 비전을 가지게 되면 자신에 대한 이해와 성찰로 자신을 스스로 격려하고 행동을 하는 사람이 되기 때문에 그 사람의 삶은 본질적으로 변화하고 성장하게 되는 것이다.

비전을 가지고 달성할 수 있다는 믿음을 바탕으로 매일 행동을 지속적으로 한다면 그 비전은 반드시 달성된다. 확고한 믿음을 계속 가질 수 있는 사람이 강한 실천력을 가진 사람이 되는 것이다. 언제나 행동하는 사람이 되면 두려움을 극복할 수 있는 용기도 생긴다. 열정은 생각하는 것이 아니고 행동하게 하는 것이다.

우리에게 뚜렷한 비전이 있다면 자신이 바라는 삶을 스스로 만들어 누리면서 살아갈 수 있다. 자신의 비전을 생각하면 가슴이 뛰는가?

장래에 실현하고자 하는 뚜렷하고 분명한 계획을 갖고 살아가기 위해선 자신의 가치와 핵심강점을 정리하여야 한다. 내 인생에서 가장 중요한 것, 하고 싶은 것, 잘할 수 있는 것, 의미 있는 것들을 구체적으로 생각해 보고 작성해 보자. 자신이 가장 하고 싶고, 가장 잘할 수 있고, 사회적으로 가치 있는 일에 매진하고 있다면 그 사람은 매일이 즐겁고 행복한 사람일 것이다.

비전은 폭풍우 속에서도 빛을 밝혀 주는 등대이며 기한이 정해진 자신의 미래모습이기도 하다. 북극성처럼 나아갈 방향을 밝혀줄 뿐만 아니라 셀프 모티베이션을 하게 한다.

비전은 우리 인생의 좌표일 뿐만 아니라 우리가 나아가야 할 방향을 알려주는 나침반으로 인생항로에서 결정을 내릴 수 있는 지침을 준다. 비전을 가진 사람이라면 자신의 분명한 인생목표와 사명을 확인하고 자신의 삶을 계획하며, 비전을 성취하기 위해서 스스로 동기 부여하고 답을 찾아낸다. 자신에게 예상되는 장애물, 걸림돌을 제거하며 자신의 행동을 통제하는 것이다.

　우리는 원하는 것을 성취하기 위해 필요한 자원인 무한한 잠재력과 탁월함을 가지고 있다. 힘든 문제가 생겼을 때 자신 스스로 문제를 해결할 수 있는 능력도 가지고 있다. 내가 원하는 것을 생생한 이미지로 만들어 그것을 보며 실천하는 삶, 그리고 현재 하고 있는 일에 몰입하는 삶의 태도가 당신을 성공으로 이끌어 줄 것이다.

내가 실현하고 싶은 꿈의 목록

　꿈의 목록을 작성하면 자신에 대한 점검을 할 수 있고 미래에 대한 막연한 성공이 아닌 구체적인 목표를 세우게 된다.

　무엇인가를 할 때 가슴이 뛰고 설레며 기쁨이 느껴지는지, 그 행동을 다시 하고 싶은지, 자신이 진정 원하는 것과 무엇을 갖고 싶은지, 어떤 삶을 살고 싶은지 등을 자문하며 구체적인 목록을 작성해 보면 행동이 달라지고 매일의 사소한 변화와 작은 차이들이 모여서 큰 결과를 낳게 된다.

　꿈은 미래에 대한 기대감이다. 많은 사람들이 자신의 꿈이 무엇인지 진정으로 원하는 것이 무엇인지도 모른 채 살아가고 있다. 혹은 꿈은 알지만 변화가 두려워 꿈꾸기를 포기하고 있는지도 모른다.

　꿈은 우리 미래의 삶의 질을 결정한다. 진정으로 원하는 자신의 욕구를 발견하고 자신의 능력을 개발한다면 자신이 그토록 꿈꾸어

온 행복하고 보람된 인생을 살 수도 있지만, 반대로 그렇지 못한 삶은 시간의 흐름 속에 쫓겨 하루하루를 살아갈 수밖에 없게 된다.

성공과 행복이라는 항해를 떠나는 자신의 삶에 대해 전반적인 진단이 필요하다. 이를 통해 꿈을 성취하는데 방해하는 장애물도 제거하면서 삶에 적절한 조화를 얻을 수 있도록 돕는 것에 집중하게 된다.

자신에 대한 믿음을 가진 사람들은 도전적이다. 두려움을 극복할 수 있다는 믿음이 있기 때문이다. 성공한 사람들의 공통점은 자신이 좋아하는 일을 열정적으로 했더니 어느 날 성공한 사람이 되어 있더라는 것이다. 우리는 이루고 싶은 일이 많다. 그러나 일상은 현재 해야 하는 일만으로 가득 차 있다. 그러면 우리는 '하고 싶은 일은 시간이 나면 꼭 할 거라고, 하겠다'고 생각한다. 자신이 진정으로 원하며 하고 싶은 것, 갖고 싶은 것, 되고 싶은 것을 기록해 보는 시간을 가져 보자.

삶이란 자신이 만들어낸 그림이다. 오늘은 준비된 어제의 결과이기 때문에 우리가 지금 원하는 삶을 살고 있지 않다면 준비가 덜 되어서일 것이다.

오늘을 살아가는 우리는 내일을 준비해야 한다. 내가 진정으로 원하는 삶, 꿈꾸어온 가슴 설레는 삶을 계획해야 한다. 진정으로 원하는 삶을 살고 싶다면 내가 진정으로 원하는 것이 무엇인지 적어 보자. 그러면 자신이 열렬히 원하고 필요로 하는 것이 무엇인지 정확하게 알 수 있으며 자신의 재능도 발견할 수 있게 될 것이다.

삶의 주인공은 나

꿈은 사람을 살아가게 하는 동력이다. 꿈이 없으면 깜깜한 밤에 등대도 없이 항해하고 있는 것과 같다. 지향점도 없이 망망대해를 표류하고 말 것이다. 우리는 파도에 이리저리 떠다니는 뗏목 인생이 아닌 모터보트와 같은 인생이 되어야 한다. 바람에 의존하지 않고 가고자 하는 방향으로 자신의 동력으로 조정할 수 있는 인생이어야 한다. 자기 삶의 주인공은 바로 나이기 때문이다.

선명한 꿈은 삶에 희망과 용기를 불어넣어 준다.

최고의 자동차라도 휘발유가 없으면 무용지물이 된다. 자동차를 움직이는데 필수적인 것이 연료라면, 사람을 움직이는 필수요소는 꿈이다. 꿈이 있어야 열정도 생긴다.

꿈이 없다면 희망이 없는 것이다. 긍정적 꿈이 넘치는 곳에 열정도 따라 온다. 긍정은 열정을 지탱하는 주춧돌과 같다.

열정(熱情)이란 한자를 보면 '어떤 일에 대한 뜨거운 마음'이라는 뜻이 있다. 열정은 꿈에서 나온다. 열정은 힘이고, 열정은 자석처럼 사람을 끌어당기는 힘이 있다.

열정은 사람을 설득하게 하고, 열정적인 삶은 도전과 자신감을 주며 후회가 없게 한다. 또 행운을 불러오고 끌어들이는 유인력의 법칙을 작용하게 한다.

유인력의 법칙이란 지속적으로 생각하는 그대로를 자기에게로 끌어오게 하는 것이다. 원하는 것을 정확하게 파악하고 꾸준히 기대하며 성공한 장면을 시각화해보자. 시각화는 행동심리학의 원리이며 성취 능력을 증진시켜 주는 도구이다. 이렇게 시각적으로 상상한 생생한 모습은 잠재의식 속에 새겨지게 되고 꿈을 이룰 수 있는 자신감과 용기, 열정이 생겨나게 한다. 상상은 항상 성공이 실현된 상태인 현재형으로 해야 한다.

성공한 사람들의 가장 큰 특징은 구체적인 비전, 열정, 좋은 습관을 가지고 있다는 것이다. 미래에 대한 꿈이 선명할 때 더 강한 자극제가 된다. 문득 누가 나에게 '왜 사느냐고, 꿈이 무어냐고, 무엇을 위해 사느냐고, 지금까지의 삶이 후회스럽지 않느냐고' 질문을 한다면 여러분은 무엇이라고 답을 할 것인가? 생각해 본적이 있는가? 만약 없다면 지금부터 생각해 보자. 성공은 운명이나 우연이 아니다. 교육이 과학인 것과 같이 성공도 과학에 근거한다.

내가 진정으로 원하는 삶, 꿈꾸어온 삶을 계획하고 누려야 한다.

진정으로 원하는 삶을 살려면 어떻게 해야 하는가? 내가 진정으로 원하는 삶을 살고 싶다면 내가 진정으로 원하는 것이 무엇인지 지금부터라도 자세히 적어 보자.

열렬히 갈망하는 나의 꿈은?

최고의 성과를 만들어 내는 사람의 공통점은 열렬히 갈망하는 꿈이 있다는 것이다. 이루면 좋고 이루어지지 않아도 그만인 그런 꿈이 아닌 미치도록 열렬히 갈망하는 꿈 말이다.

현재 삶에 가능성이 보이지 않는다고 해도 꿈을 포기하지 말고 작성한 꿈의 목록을 생생하게 상상하면서 노력과 투자를 아끼지 않아야 한다. 즉 시간과 에너지를 쏟는 대가지불의 법칙을 따라 응당한 대가를 치러야 한다. 꿈만 꾼다고 이루어지지는 않는 법, 변화하고 도전하고 행동해야 한다.

불가능해 보이던 일들도 적어 보고, 항상 사력을 다해 노력한다는 것은 꿈의 실현을 향해 나아간다는 뜻이다.

전제란 반드시 진리는 아니지만 가정을 하고 행동하는 것을 말한다. '어느 누군가가 가능한 것이라면 그것은 나에게도 가능하다'를 전제로 하고 열렬히 갈망하는 나의 꿈을 생각해 보고 적어 보자. 지금과는 다른 성공적인 삶으로의 변화를 원한다면 자신의 꿈을 이룰 수 있다는 강력한 믿음을 가지고 자신의 행동에 제한을 두지 말고 실행하면 목표를 성취할 수 있다. 할 수 없는, 도저히 극복하기 불가능하다고 생각하는 장애물을 만났을 때도, 상상하는 나의 비전을 생각하고 행동한다면 분명히 성취할 수 있다.

실제로 강의 때 꿈의 목록을 적어 보라고 하자, 일사천리로 적어 나가는 사람도 있지만 대부분은 10개 정도 적다가 고민들을 하게 된다. 그러나 그들에게 '꿈이 많죠?'라고 질문하면 '네'라고 서슴없이 대답한다. 머릿속으로 생각은 많이 하고 살지만 막상 글로 적어 보라고 하면 쉽지가 않은 게 현실이다.

그래서 한 가지 제안을 하고 싶다. 하루에 2개씩만 적어 보자. 한 달이면 60개, 두 달이면 120개다. 중요한 것은 생각날 때마다 아주 작은 소망이라도 적어 보도록 하는 것이다.

능력보다 노력보다 중요한 것은 희망, 꿈이다. 꿈은 씨앗처럼 뿌려서 키워 나가는 것이다. 인생이란 그저 시간의 흐름에 밀려서 다음 단계로 넘어가는 것이 아니라, 각자 자신만의 프로그램을 가지고 능동적 의지로 스스로 개척해 나가는 것이다. 성공은 운명이 아니라 자신의 태도와 습관에 의해 결정된다.

중요한 것은 지금과는 막연히 다른 삶을 추구하는 것이 아니다.

꿈, 희망, 씨앗은 여러분의 삶 주변에 산재해 있다. 여러분 각자가 희망의 씨앗이고 열매가 될 수 있다. 그러므로 삶이 행복해지려면 꿈의 목록을 구체적으로 작성하고 미래의 삶의 질을 결정해야 한다.

    희망은 독수리의 눈빛과도 같다. 항상 닿을 수 없을 정도로 아득히 먼 곳만 바라보고 있기 때문이다. 진정한 희망이란 바로 나를 신뢰하는 것이다. 행운은 거울속의 나를 바라볼 수 있는 만큼 용기가 있는 사람을 따른다. 자신감을 잃어버리지 마라.

- 쇼펜하우어

꿈은 나침반이고 북극성이다

인생은 생각하는 대로 이뤄진다. 사고가 곧 현실이 된다. 이미지에는 굉장한 힘이 있어서 선명하게 그린 꿈은 반드시 실현된다.

대뇌생리학과 심리학 연구를 통해서 사람의 마음, 즉 두뇌 활동과 소망 실현과의 관계가 속속들이 밝혀지고 있다. 마음속으로 이미지와 비전을 생생하게 그리는 사람일수록 자신이 원하는 인생을 살 수 있다는 것이 과학적으로 설명이 가능하다는 것이다. 성공과 이미지는 밀접한 관계가 있기 때문이다. 명확한 꿈을 가진 사람은 어떠한 역경도 이겨낼 수 있다.

꿈은 우리의 나아갈 방향을 알려 주는 신비로운 나침반이다. 산속에서 길을 잃었다고 가정해 보자. 어디로 가야 할지 방향이 서지 않는다면 조난당할 수 있다. 그러나 나침반이 있다면 가야 할 방향을 제대로 설정할 수 있다.

꿈은 나침반이고 북극성이다. 꿈은 씨앗이다. 씨앗을 뿌리면 열매가 나오고 수확의 기쁨을 느낄 수 있다. 꿈은 가슴에서 가슴으로 전파되는 희망의 불씨다. 꿈은 불가능해 보이는 것을 가능하게 하는 힘의 원천이다. 그리고 그 사랑의 열매가 많은 사람의 삶을 풍성하게 해주고 있다.

미국 심리학자 윌리엄 제임스(William James) 박사는 '신념이 지지하는 마음의 그림은 잠재의식에 의하여 현실화시킨다'라고 강조하였다. 무엇이든 생각하는 일은 반드시 그 생각대로 이루어진다는 것이다.

꿈의 목록 적어 보기

자신의 꿈의 목록을 적어 보는 것이 성공의 시작이다. 어린 시절부터 소망해온 것을 생각나는 대로 적어 보자. 인생의 성공을 꿈꾸는 사람이라면 성취해야 할 꿈과 목표가 있어야 한다.

자신이 원하는 것을 구체적으로 세심하게 리스트에 적어 보자.

꿈은 성공뿐만 아니라 즐거움을 준다. 나의 생각을 정리해 놓고 보면 '나에게도 이런 욕구가 있었구나'하고 새삼 놀랄 때가 많다. 인생의 주체는 나이고 내가 꿈꾸는 삶을 살 수 있다. 원하는 삶으로 살아가기 위해서는 소망과 꿈을 가슴 속에 묻어두고 머릿속으로만 생각하지 말고 밝은 곳에서 펼쳐 주어야 한다.

현실 속의 제약들을 생각하지 말고 상상 속에서만 머물던 모든 것을 꿈의 목록으로 만들어 보자. 인생의 꿈의 목록을 작성하는 순간부터 마음속에는 상상력과 도전정신, 그리고 능력을 활용할 수 있는 자신을 발견하게 된다. 물론 의미 있는 인생, 자신이 바라는 인생은 하루아침에 이루어지지 않는다. 성공을 이루기까지는 고통과 두려움, 많은 시간도 소요될 것이다. 그러나 자신이 진정으로 원하는 것을 상상해 보면 그 상상력을 바탕으로 달성할 수 있다는 믿음을 가질 수 있게 된다.

때로는 좌절을 겪을 때도 있지만 꿈을 꾸면서 위안을 얻고 용기가 생기며 계속 나아갈 힘을 얻게 된다. 꿈을 꾸는데도 용기가 필요하다. 이루지 못할 것 같은 두려움 때문에 우리는 꿈을 생각하는 것을 두려워한다. 괴테는 '꿈을 간직하고 있으면 실현할 때가 반드시 온다'고 했다. 꿈을 간직하고 꾸준히 꿈꾸던 삶을 살기 위해 노력하면 기회가 행운으로 연결되어 실현된다.

자신의 삶의 설계도가 그려져 있지 않다고 생각해 보자. 조그마한 집을 짓는데도 설계도는 필요하다. 만약 구체적으로 설계하지 않고 대충 머릿속의 생각으로만 주먹구구식으로 집을 짓는다면 시간과 돈을 낭비하며 많은 시행착오가 있을 것이다. 그런데 평생 살아갈 나의 인생이란 집을 짓는데 설계도가 없다면 모래위에 성을 쌓는 것이 아닐까? 미래에 대한 청사진이 완벽하게 그려진다면 진정으로 꿈꾸어 온 삶, 원하는 삶이 무엇인지 깨달을 수 있을 것이다.

꿈의 목록을 작성하는 건 자신의 정체성을 알 수 있는 시간이 된다. 꿈꾸는 법을 익혀야 한다. 인생에서 자신이 원하는 삶을 구체화시켜서 적어 보자.

이루고 싶은 것 10가지(예)

구분	내 용
1	즐거운 마음 갖기(건강)
2	행복한 가정
3	성공한 사업가
4	3개 국어에 능통한 실력
5	장학재단 설립
6	베스트셀러 출판
7	세계여행(30개국)
8	교육센터 설립
9	다양한 인적 네트워크
10	글로벌 리더

정말 갖고 싶은 것 10가지

구분	내 용
1	
2	
3	
4	
5	
6	
7	
8	
9	
10	

정말 이루고 싶은 것 10가지

구분	내용
1	
2	
3	
4	
5	
6	
7	
8	
9	
10	

2016년 나의 모습

어디에 있는가? 무엇을 하고 있는가?
누구와 함께 있는가? 그 사람과 무슨 이야기를 하고 있는가?

나를 존재하게 하는
핵심 가치는 무엇인가?

셀프 리더십을 발휘하는 삶을 살기 위해서는 가치 기준을 정해야 한다.

가치는 삶의 방향성을 정하게 하고 가치관은 삶에 대한 근본적인 태도로 행동에 영향을 준다. 가치는 무엇이 근본적으로 중요하고 올바른 것인가를 규정하는 것이다. 가치는 자신이 선택을 하고 결정을 내려야 하는 상황에서 어떻게 행동할지를 알려주는 기준이 된다. 행동방향을 결정해 주고 하고 싶다는 동기화를 시킨다.

가치야말로 모든 행동과 의사결정의 기본이 되는 지침이고 지표이다. 살아가는 동안 원하는 삶으로 살기 위해서는 방향성이 있어야 하는데 그 방향성이 가치이다.

자신의 핵심 가치를 명료화해 보자.

나를 존재하게 하는 가치는 무엇인가?

유연성, 감사, 배려, 겸손, 근면, 끈기, 명예, 봉사, 사랑, 소신, 신뢰, 열정, 신용, 용기, 예의, 용서, 인내, 자율, 정돈, 정직, 존중, 중용, 창의성, 진실, 책임감, 친절, 탁월함, 헌신, 협동, 화합, 확신, 이해, 초연, 기지, 평온함, 기여, 인정 등.

ᄀ 나를 존재하게 하는 핵심 가치

1.
2.
3.
4.
5.

㉡ **핵심 가치와 구체적 실행계획**

핵심 가치	실행계획

'자신의 핵심 가치로 생각하는 긍정적 이유는 무엇이고 그 핵심 가치로 행동할 때 어떤 결과가 오는가? 핵심 가치를 실현하는데 제약은 있는가? 제약이 있다면 대안은 무엇인가?' 구체적으로 생각하고 적어 보자.

내가 분명히 원하는 욕구를 아는가?

셀프 리더십을 주제로 강의를 하다 보면 '나는 지금 어디로 가고 있는가? 내가 진정 하고 싶은 일은 무엇인가? 진정 가고 싶은 곳을 분명히 아는가?'라는 물음에 처음에는 고개를 끄덕이지만, 목록을 작성하게 하면 머뭇거리게 되는 것이 현실이다. 바쁜 일상 속에서 막연하게 생각은 해보았지만 구체적으로 생각하거나 직접 목록을 적어 보지는 못했을 것이다. 내가 진정으로 원하고 소망하는 나를 마음속에서 만나보고 느껴서 생생하게 상상하고 나면 얼굴에 화색이 돌며 결연해지는 모습을 볼 수 있을 것이다.

가슴 벅차게 충만한 삶을 살아가며 우리가 원하는 것을 현실로 만드는데 필요한 자원은 모두 내 안에 있다. 그러므로 스스로 깨닫고 그 잠재된 능력을 끄집어 내어 포기하지 않고 장애물을 제거하며 활용하는 방법을 알아야 한다.

솔로몬왕은 '자신이 생각한 것이 바로 자신이다'라고 했다. 생각의 씨앗이 성공한다고 생각하면 마음의 놀라운 힘은 우리를 성공한 삶으로 만들어 준다. 자신이 생각한 대로 인생을 연출할 수 있다. 자신이 생각한 것이 자신의 삶이기 때문이다. 진정으로 바라는 것을 마음에 깊이 새기면 그것은 현실이 된다.

이렇게 말을 하면 사람들은 반론을 제기한다. 인생이 생각한 대로 된다면 성공한다고 생각하지 않는 사람이 어디에 있느냐고. 성공한다고 생각하라고 해서 생각을 해보았는데 결국 그것은 이론에 지나지 않는다는 말을 한다. 겉마음과 속마음이 같아야 한다. 책에서 '성공할 수 있다고 생각하면 성공한다고 했으니까 해보자' 하면서도 내면에서 들려오는 메아리는 '그건 이론이고 현실은 그렇지 않아, 나는 나이도 들었고 학력이나 재산 등 이제 성공할 수 없어'라는 부정적인 요소들이 생각을 지배하기 십상이다. 그러나 진정 원하는 바를 성취하려면 자신을 믿고 자신에게 파이팅을 외치며 노력해 보는 것이다.

로마황제이며 철학자인 마르커스 아우렐리우스(Marcus Aurelius Antonius)는 '인간의 삶은 그의 생각이 만든 것'이라고 했다.

내 인생지의
목적지는 어디인가?

　성공하기 위해 가장 먼저 해야 하는 것은 목적지를 정하는 것으로 내가 이루고 싶은 것이 무엇인지 큰 그림을 그리는 비전 설정을 하는 것이다. 비전이 없다는 것은 목적 항도 모른 채 대양 속에서 헤매는 것과 다를 것이 없고, 결과는 좌초하거나 표류하게 될 것이다.
　자신이 바라는 미래를 생생하고 선명하게 그려 보자. 내가 그린 그림을 오늘 바로 실행에 옮긴다면 분명 어제와 다른 내일이 될 것이다. 어제보다 성장하는 삶이 이어져 가면 우리는 매일 성공하는 삶을 살게 되는 것이다.

　자신을 신뢰하며 자신의 목표를 행동으로 옮기면 누구든지 성공할 수 있지만, 끝까지 실행에 옮기는 사람은 별로 없다. 계획을 포기하지 않고 목표를 달성할 때까지 끈기 있게 실천한다면 결과는 성공에 이르게 된다.

우리의 삶은 자신이 만들어 내는 그림이다. 오늘은 준비된 어제의 결과이기 때문에, 자신이 지금 원하는 삶을 살고 있지 않다면 준비가 덜 되어서일 것이다. 오늘을 살아가는 우리는 내일을 준비해야 한다. 내가 진정으로 원하는 삶, 꿈꾸어온 삶을 계획해야 한다.

변화 심리학의 세계적인 권위자인 앤서니 라빈스(Anthony Robbins)가 언급한 '나이아가라 증후군(The Niagara Syndrome)'의 내용을 보면 많은 사람들이 어디로 가겠다는 구체적인 결정을 하지도 않은 채 인생이라는 강에 뛰어 들고 있으며, 현재의 사건과 도전, 그리고 두려움에만 사로잡혀서 강의 분기점이 나타나도 어느 방향으로 가야 할지를 의식적으로 결정하지 못한다고 주장하고 있다.

무의식적인 상태로 살다가는 어느 날 물살이 빨라지고 요동치는 소리에 놀라 깨어나면서 그때서야 바로 몇 미터 앞에 폭포가 있음을 발견하지만, 배를 물가로 저어갈 노도 없고 의지조차 상실한 상태가 된다. 그제야 한탄하고 후회하지만 때는 이미 늦어, 결국 그들은 폭포아래 낭떠러지로 추락하게 된다. 하지만 목표나 비전이 명확하여 상류에 있을 때 미리 준비하고 더 나은 결단을 내렸다면 폭포 속으로 떨어지는 위험에서 벗어날 수 있었을 것이다.

자신을 경영하는 CEO가 되라

우리는 자신의 인생을 스스로 경영하는 CEO가 되어야 한다. 자신의 삶을 직접 경영하기 위해선 셀프 리더로 각자 꿈을 찾아가는 인생의 항해 전략을 세워야 하는데 먼저 삶의 균형을 진단해 보아야 한다.

삶을 굴러가는 수레바퀴라고 생각한다면 비전, 가족, 건강, 재정, 실행, 소통, 행복감, 자기계발 등의 8가지 덕목은 삶의 균형을 이루는 축이 된다. 이 8가지 덕목에 대한 점수를 통해 균형적 삶을 실천하기 위해 노력해야 할 부분을 생각해 보자.

진정으로 몸과 마음이 만족스럽고 평화로운 상태가 되려면 자신의 삶을 정비해볼 필요가 있다.

다음 〈삶의 균형 진단하기〉에 따라 0점에서 10점까지 사이를 점으로 찍고, 선으로 연결하며 직관적으로 자신을 평가해 보자.

이어진 동그라미가 크고, 작은 것은 욕구의 차이다. 중요한 것은 어느 한쪽이 찌그러져서는 바람직하지 않다는 것이다. 균형적인 삶은 동그랗게 나와야 한다. 찌그러진 부분은 자신이 만족하지 못한 부분이다. 진단을 통해 만족하지 못한 분야를 알게 됨으로써 목표와 우선순위를 정할 수 있게 된다.

예를 들어 나는 내가 살아가야 하는 '사명선언서'를 글로 적어 놓고 이를 달성하기 위해 행동한다. 나는 생생하고 선명한 '꿈'을 가지고 있으며 그 꿈을 이루기 위해 갖고 싶은 것(have), 하고 싶은 것(do), 되고 싶은 것(be)에 대한 꿈의 목록(dream list)이 있으면 10점이다. 이렇게 잘하고 있으면 10점, 그렇지 못하면 3점, 중간 정도면 7점 정도의 점수를 준다.

이어서 '나는 가족과 규칙적으로 대화를 하고 함께 시간을 보낸다. 나는 건강하며 긍정적 사고와 규칙적인 운동을 한다. 나와 가족의 생활에 지장이 없을 정도의 재정적인 독립성을 확보하고 있다. 나는 내가 좋아하는 일을 하고 있으며 이 일을 평생 동안 즐겁게 할 것이다. 나는 내 삶의 주인으로서 스스로 인생항로를 잘 개척하고 있다. 나는 매일 아침 목표를 달성하기 위한 실천계획을 적고(do list) 이를 반드시 실행한다. 나의 능력을 믿으며 행복하고 성공할 수 있는 사람이라고 생각한다.' 이렇게 각자 자신의 삶을 진단해 보고 그 결과 부족한 부분을 파악하는 것이다. 그 다음엔 그 부족한 부분을 채우기 위해 목표의 우선순위를 다시 적어 보고 실천계획을 세운다면 균형적인 삶을 만들어갈 수 있다.

삶의 균형 진단하기

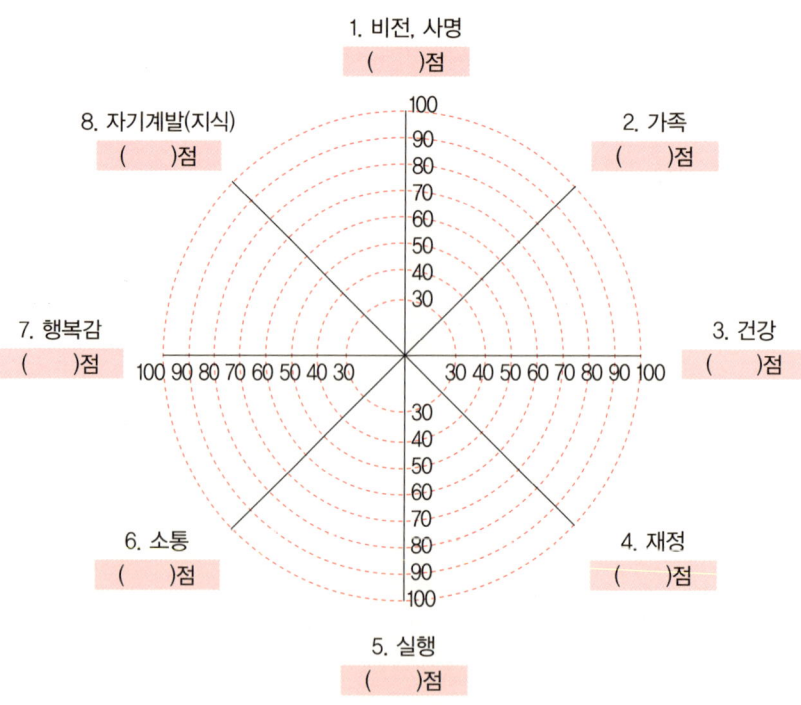

삶의 균형 진단하기(예)

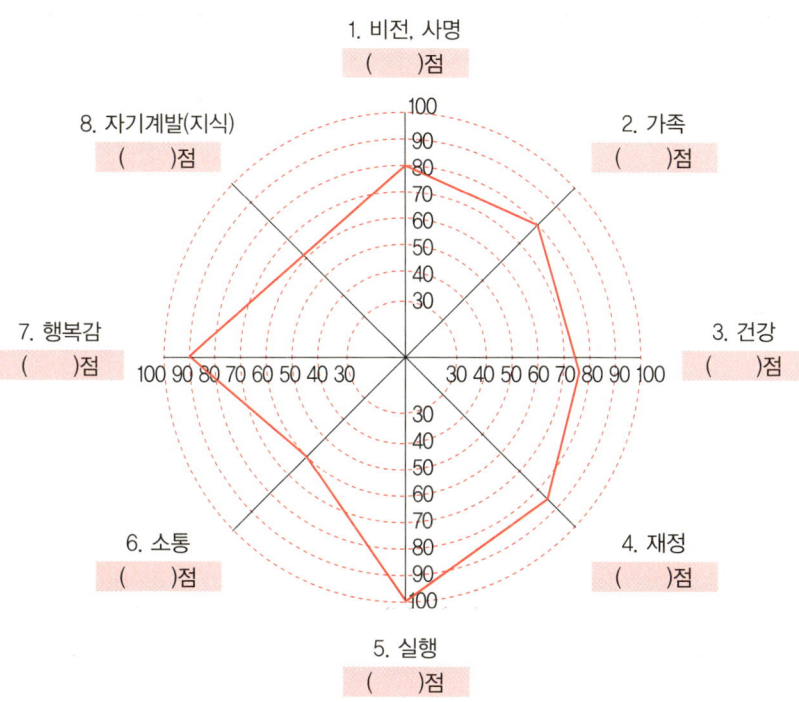

내 삶의 Balance Wheel을 점검한 후

1. 결과를 보고 드는 생각은 무엇인가?

   ----

2. 결과를 통해 느낀 점이 있다면 무엇인가?

   ----

3. 결과를 보고 변화가 필요하다고 생각되는 부분은 무엇인가?

PI(Personal Identity) 정립하기

변화

mission / spirituality — 삶의 목적

identity
나는 누구이며, 나 자신을 어떻게 보는가? — 나는 누구인가?

beliefs / values
나는 왜 이 일을 하는가? — 자신이 소중히 여기는 것, 옳다고 믿고 있는 것

capability
나는 과업을 어떻게 할 수 있는가? — 가능성과 기술, 방법, 전략

behaviour
나는 무엇을 해야 하는가? — 구체적 활동, 행동

environment
나는 어디서, 언제 이 일을 하고 있는가? — 주변적 요소-환경 (기회, 제약)

PI(Personal Identity) 정립하기

변화

mission / spirituality — 세계 최고 동기 부여 전문가

identity
나는 누구이며, 나 자신을 어떻게 보는가? — 행복한 성공을 함께 하는 CEO

beliefs / values
나는 왜 이 일을 하는가? — 행복하고 풍요로운 삶을 지원

capability
나는 과업을 어떻게 할 수 있는가? — 동기부여 능력, 강의 능력, 책 쓰는 능력

behaviour
나는 무엇을 해야 하는가? — 셀프 리더십 코칭 프로그램 개발, 셀프 리더십 코칭 대중화 교육

environment
나는 어디서, 언제 이 일을 하고 있는가? — 기업체, 대학교, 공공기관, 센터에서

PI(Personal Identity) 정립하기

목표는 꿈과 현실을
이어주는 다리

　　미국의 자동차 제조사 포드사의 창립자 헨리 포드는 '할 수 있다고 생각하면 할 수 있고, 할 수 없다고 생각하면 할 수 없다'라고 했다.
　　목표를 설정하면 자신이 원하는 것을 이루기 위해 어떤 노력을 해야 하는지를 생각하게 된다. 목표설정은 인생의 우선순위와 핵심적인 가치관을 고려하여 미래에 원하는 것을 위해 노력해야 한다는 것을 명확히 알 수 있게 한다.
　　아무런 변화 없이 하루하루가 반복된다면 미래는 어떤 모습일까? 그 결과는 당연히 성공과는 거리가 먼 모습이 될 가능성이 크다. 성공이란 자신의 비전을 향한 목표를 단계적으로 성취해 가는 과정이다.

　　목표는 꿈과 현실을 이어주는 다리와 같은 역할을 한다. 강이 흐

르고 있는데 다리가 없다면 건너가기는 하겠지만 더 많은 노력과 시간이 소요될 것이다. 목표는 자신의 욕구를 일으키고 행동을 일으키는 강력한 힘이다. 목표를 설정하는 것은 공상이나 몽상이어서는 곤란하다. 목표는 과학적이고 합리적으로 설정되어야 한다.

일단 목표를 세우면 머릿속에서 생각만 하는 것이 아니라 행동으로 옮길 수 있는 계기를 만들게 된다. 주위를 둘러보면 확실한 목표의식도 없이 시간이 흘러가는 대로 매일 어제와 같은 일상을 반복하며 살아가는 것이 대다수 사람들의 현실이다.

목표 없이도 잘 살고 있는데 새삼 무슨 목표를 설정할 필요가 있느냐고 생각할 수도 있다. 그러나 목표가 있다면 동기 부여와 열정이 생기고 매사에 쉽게 포기하지 않게 된다. 시간을 낭비하지 않고 성취감을 즐기며 생활할 수 있다.

목표는 타인이 강제로 세워준 목표가 아닌 자신이 절실하게 소망하는 것이어야 한다. 자신이 소망하는 목표는 어려움이 생기면 극복할 수 있는 에너지를 주기 때문이다.

바람직한 목표설정에는 몇 가지 단계가 필요하다. 첫 번째 자신이 소중하다고 생각하는 꿈을 명확히 한 후, 두 번째 꿈을 구체화시켜 목표달성을 위한 구체적 방안을 수립하고, 세 번째 구체적으로 실천계획과 시한을 정한다. 아울러 긍정적이고 달성 가능한 목표인지 확인하여야 한다. 긍정적인 행동은 머릿속에서 왕성한 상상력을 불러오지만 부정적인 행동은 상상력에 한계를 가진다. 긍정적이어야 정신적인 이미지 상상이 활발해지면서 적극적인 행동을 일으킬 수 있다.

　반드시 목표는 글로 작성해야 집중력이 생기고 갈등도 해소되며, 행동으로 옮기는 시간이 절약된다. 글로 구체화시켜 목표를 작성하면 자신의 생각을 잘 정리할 수도 있다. 꼭 성취하고 싶은 목표가 있기 때문에 적극적이고 열정적으로 자신의 삶을 개척해 갈 수 있는 것이다. 선명한 목표의식은 끊임없이 자신을 동기 부여시켜 자신의 잠재된 에너지를 집중시켜 준다.

　목표를 행동으로 실행할 때 세분화하고 우선순위를 정해야 한다. 오늘 끝내야 하는 중요한 일은 무엇이며, 가장 먼저 해야 하는 일은 무엇인가? 이루고자 하는 것을 구체적으로 정하고 일을 끝내는데 필요한 시간을 예상해서 목표를 완결하는 마감시한을 정하도록 한다. 일을 끝내기 위해 필요한 시간이 현실적으로, 생태적으로 적합한지도 고려한다.

　끝낸 일과 끝내지 못한 일의 목록을 만들어 점검하고 자신에게 스스로 격려와 칭찬을 해주자. 큰 꿈을 이룬 사람의 공통점은 꿈을 잊지 않고 사소한 목표라도 소홀히 하지 않으며 시작하면 끝을 내는 습관을 가졌다는 것이다. 항상 큰 목표를 생각하고 중간에 작고 사소한 목표라도 최선을 다해 성취해 가는 것이 중요하다. 간혹 지치고 힘들 때면 장기목표를 달성한 후 자신의 행복한 모습을 그려 보면 용기가 생기고 에너지 충전에도 도움이 된다.

목표는 반드시 정리하여 글로 구체화시켜야 하고 매일 꾸준히 점검해야 한다. 글로 쓰면 갈등이 없어지고 집중력이 생기게 되며 자연히 시간도 절약된다. 아무리 잘 만들어진 목표라도 실행하지 않는다면 무용지물이다. 매일 실행하고 달성도를 점검해야 한다. 반드시 구체적으로 작성하여 잘 보이는 곳에 붙여 놓고 매일 실행여부를 확인하고, 실행하였으면 자신에게 용기를 주고 격려를 해주며 칭찬도 해주도록 하자.

목표추진 과정에서도 시각화는 필요하다. 목표가 달성되었을 때를 선명하게 상상하고 매일 점검한다. 실행하고, 분석하고, 다시 실행하고 분석해야 한다. 처음에는 익숙하지 않고 힘이 들겠지만 반복하게 되면 어느새 의도적으로 하지 않아도 잠재의식 속에서 작용하며 습관화할 수 있게 된다. 잠재의식은 가슴 뛰는 기억을 절대 잊어버리지 않는다.

기회는 누구에게나 찾아올 수 있지만 찾아온 기회를 누구나 잡을 수 있는 것은 아니다. 기회를 알아보고 잡을 준비가 되어 있는 사람은 늘 자신의 꿈과 목표를 생각하면서 행동으로 실천하는 사람이다. 무의식적으로 자신도 모르게 꿈과 목표를 향해 있는 사람만이 기회를 재빨리 자신의 것으로 만들 수가 있다.

심리학과 의학의 발전으로 인간의 인지능력과 기억 잠재능력의 비밀이 밝혀지고 있다. 기억을 향상시키기 위해 큰 역할을 하는 것이 뇌의 해마라는 부분이다. 해마는 뇌에 담긴 정보를 자기 스스로 단기기억으로 저장함과 동시에 그것을 장기기억으로 대뇌피질에 기록할 것인가 말 것인가를 검토하고 변환하는 곳이다. 재능도, 운도 뇌에 입력된 기억 데이터에 의해 좌우된다. 거기에 입력된 데이터가 그 사람의 우수성을 결정짓는 것이다. 가장 행복하게 웃었을 때의 얼굴, 최고의 기분이었을 때를 자주 떠올리기만 해도 몸과 마음은 민감한 반응을 보이고 결국 당신의 인생 자체가 좋은 방향으로 변화하게 된다.

꿈이 실현되면 내 인생에는 어떤 좋은 일들이 일어날까? 꿈과 성공의 매력을 당신이 얼마나 강하게 느끼느냐가 중요하다. 사람은 자신이 오랫동안 상상한 대로의 인간밖에 되지 못한다는 말이 있다. 자신에게 얼마만큼의 능력이 있다는 생각을 하면 그만한 능력이 있는 인간이 될 수 있다. 때문에 자신에 대한 긍정적인 신뢰는 인생을 살아가는데 있어 가장 든든한 동반자가 되어 준다.

특히 인간의 잠재의식은 가슴 뛰는 이미지를 기억하고 있다. 지식, 문제해결 능력 등 모든 기억이 저장되며 정신적 습관이 작용한다. 우리가 배우는 모든 것들은 배울 때마다 자동화가 되고 잠재의식에 저장되기 때문이다.

두려움, 절망 등 부정적인 생각을 갖는 것이나 희망, 확신 등 긍정적인 마음을 갖는 것도 습관이다. 잠재의식 속에서 이미 자동화되어 버린 부정적인 습관을 바꿔야만 진정으로 원하는 삶을 살 수 있다.

잠재의식은 상상과 현실을 구분하지 못하기 때문에 잠재의식에 깊이 새겨두면 각본대로 멋지게 연기해 내며 원하는 성과를 달성할 수도 있다.

목표를 구체화 하면 할수록 그 목표를 달성하려는 의지도 강화된다. 반면에 목표를 설정하지 않는 사람들은 나약한 자신감과 두려움, 무책임으로 인해 목표를 세워놓고 '이루지 못하면 어떻게 할까'하는 두려움 때문에 목표설정을 하지 않으려 한다.

실패에 대한 두려움이 크게 되면 실패를 모면하기 위해 목표설정을 하지 않거나 도달할 수 없는 목표를 세워놓고 '누구라도 할 수 없어'라고 자신을 합리화시키려고 한다.

꿈을 이루기 위해서는 자신을 믿고 지금부터라도 구체적인 목표를 정해 보자.

셀프 코칭 목표설정

목표달성일 :

목표

예상장애물	가능한 해결방법

목표를 달성하기 위한 구체적인 행동계획	목표일

이 목표를 위한 다짐

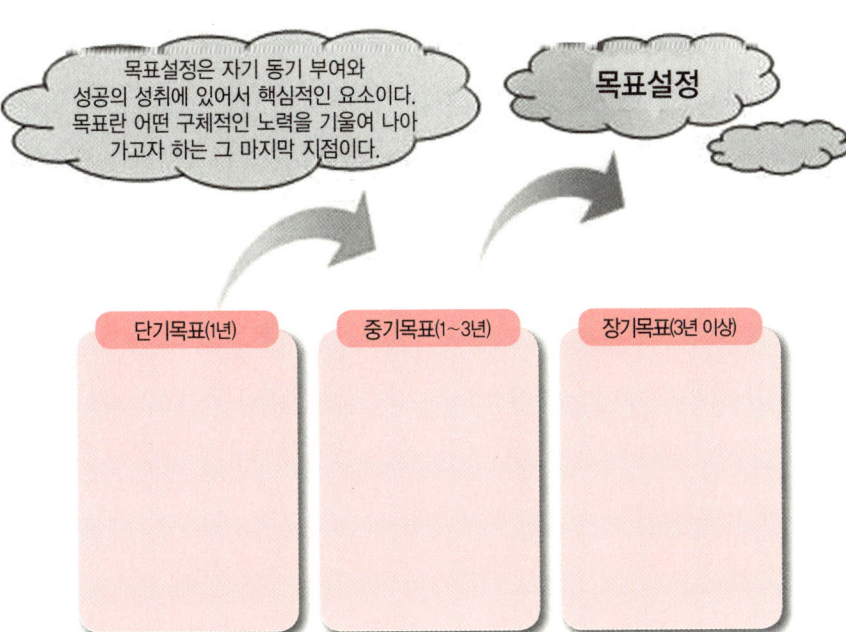

목표설정은 자기 동기 부여와 성공의 성취에 있어서 핵심적인 요소이다. 목표란 어떤 구체적인 노력을 기울여 나아가고자 하는 그 마지막 지점이다.

목표설정

단기목표(1년)	중기목표(1~3년)	장기목표(3년 이상)

오늘 내가 해야 할 일

날짜 : . . . .

우선순위	내용	실행 여부
1		
2		
3		
4		
5		

인생의 큰 그림을 그리고
구체적인 목표를 세우자

인생을 살아가기 위해서는 큰 그림과 그 그림을 채워 나갈 수 있는 작은 그림들이 함께 필요하다. 큰 그림이 일생에 원하는 꿈 장기목표라면 작은 그림들은 꿈을 위해 달성할 과정에 해당되는 단기목표들인 셈이다.

특히 목표를 설정할 때도 장기목표, 단기목표로 나누어야 한다. 단기는 달성기간이 짧은 목표다. 기간이 짧은 목표는 성취하고 싶은 동기가 강력해지고 달성될 때마다 더 많은 목표를 설정하게 된다. 장기목표는 3~5년 이상의 앞을 내다보고 세우는 목표다. 중간목표도 필요한데 올바른 방향으로 가고 있는지 장애물이 있다면 중간에 계획을 다시 설정해야 한다.

성취동기가 낮은 사람은 실패에 대한 두려움을 가지고 살아간다. 목표도 도전도 없다. 성취동기가 높은 사람은 목표를 세우고 추진하다가 만약 실패하면 원인을 분석하고 탐구한다. 자신의 능력을 인정하며 열심히 노력하면 성공할 수 있다는 확신을 갖고 살아간다.

목표는 가능하다면 하고 싶다가 아니라 미치도록 열망하며 꼭 이루겠다는 꿈, 마음에서 비롯되는 것이다. 하지만 목표는 구체적이어야 하고 명확해야 한다. 지금 당장은 목표설정이 중요하지도 급하지도 않아 보이지만 목표를 설정하고 살아가는 사람은 시간이 지난 후의 삶의 질은 분명히 달라져 있을 것이다. 목표를 세우면 작은 행동을 할 때도 집중력이 생기게 되고 목표를 달성했을 때 성취감을 미리 느끼기 때문에 중도에 포기하지 않게 된다.

목표는 시간, 노력 등 투자한 가치를 깨닫게 하고 삶을 즐겁고 신나게 한다. 스스로 목표를 세우고 실행을 점검하고 달성되었을 때와 달성되지 않았을 때 각각 나름대로의 규칙을 만들어 놓자. 자신에게 칭찬과 처벌하는 규칙도 만들도록 한다.

성공한 사람들은 소중하게 생각하는 항목들을 우선순위로 설정하고 있다. 목표를 세우고 훈련하게 되면 과거의 모습보다는 현재의 모습이 훨씬 만족스러운 모습이 된다. 목표는 뚜렷하고 선명할수록 목표달성을 이루게 하고 소요시간을 단축시키는 효과가 있다.

지그 지글러(Zig Ziglar)는 성공학 분야의 유명한 저자로 '에베레스트 정상에 오른 사람은 목적 없이 배회하다가 산 정상에 서는 것이 아니다'라고 했다. 목표는 단순한 꿈과는 다르고 행동을 수반한 것이다.

'저것을 이룰 수 있으면 좋겠다'가 아니라 '노력을 통해 내가 꼭 이루고야 말겠다'는 구체적이고 명확한 것이어야 한다. 아무리 원대한 목표라도 의욕만 가지고는 이룰 수 없고 사전작업과 철저한 분석 없이는 실패라는 결과를 가져올 수밖에 없다. 목표와 이를 달성하기 위한 실행계획은 꼼꼼하고 철두철미하게 준비하여야 한다.

목표는 꿈의 실현을 촉진시킨다

　허공에 가상의 농구 골대를 정해두고 농구 시합을 해보자. 성취감과 재미가 있겠는가? 농구 골대에 공을 넣겠다는 목표가 있기에 좀 더 집중하고 정확하게 골대라는 목표를 향해 공을 던지게 되는 것이다. 또한 장막을 치고 볼링을 하거나, 골문을 가린 채 축구를 한다면 아무런 흥미를 느낄 수 없을 것이다. 이와 같이 목표가 없는 사람은 도달점이 없기에 아무것도 이룰 수 없다.

　성공을 원하는 사람에게는 목표설정이 선택이 아니라 필수다. 거대한 목표라도 작은 조각으로 나누면 달성하기가 용이하다. 잘게 나눈 목표를 어떻게 성취할 것인지 실행계획을 세우도록 한다. 목표는 우선순위와 우리들이 원하는 바를 얻을 수 있도록 보장하는 방법이다. 두뇌는 자동적으로 사고에 영향을 주고 행동하게 되어 결국에는 목표를 달성하게 한다. 자동차의 내비게이션처럼 목적지까지 안내해 주게 된다.

잭 웰치(Jack Welch)는 '내가 갈 길을 조종하지 않으면 다른 사람이 나를 조종하게 된다'라고 하였다.

긍정의 사다리를 가동하자

어떤 목표를 왜 추구하는지 그 이유를 꼼꼼히 따져 본다면 목표의 성취가 내가 진정 원하고 필요로 하는 것을 줄 수 있는지 알 수 있다. 이 목표를 추구할 때 내가 얻는 것과 잃는 것은 무엇인가? 자신에게 질문을 통해 최종결정을 내리는데 도움을 얻을 수 있다.

중대한 목표의 추진은 현재의 자신과 미래의 자신에게 영향을 준다. 목표를 이룸으로써 누리게 될 것들을 구체적으로 생각하라. 목표성취에 따르는 성과를 구체적으로 상상하는 것도 목표를 결정하는데 도움을 준다. 이 목표가 성취되면 자신의 경력, 재정, 개인생활, 사회생활에는 어떤 변화가 있을까를 생각해 본다.

자신에게 질문을 해보고 장애물을 파악하고 극복할 수 있는 해결책을 적어 본다.

목표추구에 따르는 부정적인 면으로는 닥치게 될 어려움, 감내해야 할 희생, 재정상황은 어떤 타격을 입을 것인가?
현재 내가 가진 문제는 무엇인가?
목표에 대한 솔직한 느낌은 어떠한가?
나는 구체적으로 무엇을 이루고 싶어 하는가?
일단 목표를 이룬 다음에 무슨 일을 하고 싶은가?
내일의 목표를 위해 오늘 할 수 있는 일은 무엇인가?
지금의 목표를 달성하면 중간목표와 장기목표를 이루는데 도움이 되는가?
다음 주나 다음 달, 혹은 다음 해의 내 목표를 이루기 위해 오늘 할 수 있는 일은 무엇인가?
목표를 이룰 때까지 의지를 굽히지 않기 위해 어떻게 해야 할까?
목표를 이루고 난 후 적절한 보상은 무엇인가?
내가 목표를 성취할 수 있게끔 도와준 사람은 누구인가?
내가 가장 소중히 여기는 사람들을 위해 해줄 수 있는 일은 무엇인가?

이와 같이 목표추진 과정과 달성 후의 모습을 생생하게 상상하고 그려 보자.

스스로 사다리를 올라가겠다는 생각이 없는 사람을 억지로 사다리 위로 올라가게 할 수는 없다.

- 앤드류 카네기

성공한 삶은
어제보다 성장하는 삶이다

자신이 생각하고 있는 성공과 행복에 대하여 적어 보자.
성장하는 삶을 산다는 것은 어떻게 사는 것인가?
나의 성장을 위해 어떻게 행동해야 할까?

성찰의 시간을 통하여 긍정적인 태도를 갖기 위해 노력해야 한다. 성찰의 사전적 의미는 자기의 마음을 반성하고 살피는 것으로 객관적으로 자신을 바라보는 노력을 하기 때문에 지속적으로 성장할 수 있는 기회가 주어지고 원하는 목표를 달성할 수 있게 되는 것이다.

강의 중에 자신들이 생각하고 있는 성공과 행복에 대하여 이야기를 나누다 보면 의외의 대답이 나와 놀라기도 한다. 심지어 한 번도 행복한 적이 없었다고 이야기하는 사람도 있다. 그냥 바쁘게 살다

보니 구체적으로 생각해 본 적이 없다는 사람, 성공한 삶을 살기 위해 행복한 삶을 살기 위해 나름대로 명료하고 구체적으로 계획하고 실천해 왔다는 사람 등 여러 부류로 나누어진다. 한번도 행복한 적이 없었다고 생각하는 사람은 정말 행복한 적이 없었던 것일까?

그런데 한 가지 공통점은 누구나 성공하고 싶고 행복한 삶을 살기를 원한다는 것이다.

행복은 목표를 달성해야 비로소 가지는 것이 아닌 지금도 내 옆에 있고 매 순간 존재하는 것이다. 지금 내가 가지고 있는 것에 감사하고 나의 꿈을 성취해 가는 과정에서, 또 경험하는 과정에서 느끼고 맛볼 수 있는 감정들이 바로 행복이 아닐까 한다. 행복은 내면의 활력을 일깨워 주고 마음을 가볍고 활기차게 하며 일과 삶을 즐겁게 만들어 준다. 행복은 마음을 편안하게 하며 하루하루를 기대와 설렘을 갖게 한다.

진정한 성공과 행복은 무엇이고, 진정한 성공이란 과연 어떻게 표현해야 할까? 성공의 사전적인 표현은 '목적이나 뜻을 이룸'이라고 되어 있다. 풀어 이야기하면 개개인의 의미 있는 목표를 점진적으로 실현하는 것이다.

성공이란 자신이 하고 싶어 하는 일을 하면서 행복하게 사는 것이다. 성공은 꿈의 실현이다. 자신이 하고 싶고, 되고 싶고, 갖고 싶은 것을 이루어가다 보면 성공한 삶이라고 할 수 있다. 사회적으로 말하는 일반 성공이 아닌 진정으로 자신이 하고 싶어 하는 성공은 무엇인가? 자신이 생각하고 있는 성공의 개념을 파악해야 한다.

자신이 생각하고 꿈꾸는 성공이 무엇인지 생각해 보지도 않은 삶은 목적지도 없이 표류하고 있는 배와 같다.

개개인의 욕구가 다르므로 개인이 생각하고 있는 성공의 개념도 다를 수 있다. 어떤 이는 '성공은 자주 그리고 많이 웃는 것이다'라거나 '내가 좋아하는 것을 할 수 있고 내가 생각하고 있는 가치 있는 일을 점진적으로 실현하는 것이 성공이다'라고 말을 한다.

성공은 꿈꾸는 데서부터 시작한다. 행복한 마음으로 충만한 성공을 위해서는 오감을 활용한 생생한 꿈을 꾸는 것부터가 시작이다.

삶은 우리가 무엇을 하며 살아 왔는가의 합계가 아니라 우리가 무엇을 절실하게 희망해 왔는가의 합계이다.

- 호세 오르테가 이 가세트

스스로에게 동기 부여하고
실행하자

　나의 삶을 스스로 통제하여 스스로 하고 싶은 일과 해야 할 일을 행동하는 주도적인 사람이 되자. 반드시 비전을 가지도록 한다. 비전은 폭풍우 속에서도 빛을 밝혀 주는 등대역할을 하고 자신에게 동기를 부여해 준다. 자신이 진정으로 원하는 하고 싶은 것, 갖고 싶은 것, 되고 싶은 것을 기록해 보는 시간을 가져 보자.

　비전은 위기의 어둠을 밝히는 생명의 등대다. 행복은 어느 순간 도달되는 성취물이 아니다. 꿈을 향한 걸음마다 가슴 절절히 피어나는 아름다운 꽃이다. 가슴 뛰는 삶, 내가 추구하는 최상의 삶을 살고자 하는 강렬한 열망과 비전이 없다면 체념의 사슬에 묶인 서커스단의 코끼리이며 분재 소나무와 같은 정신적 난쟁이일 뿐이다.
　비전을 상실하면 쇠사슬보다 더 무거운 마음의 사슬에 묶이게 된다. 서커스단의 코끼리는 사슬에 묶인 채 작은 나무말뚝에 묶여 있지만, 코끼리는 도망갈 생각을 하지 않는다. 처음에는 코끼리도 도망을 가려고 노력했다. 물론 처음부터 지금과 같은 나무말뚝은 아니었다. 쇠말뚝에 묶인 아기코끼리였다. 아기코끼리는 온힘을 다해 발버둥을 쳐보아도 도망을 갈 수가 없었다.

코끼리가 성장함에 따라 더 굵은 쇠말뚝으로 교체되었다. 코끼리는 사력을 다해 발버둥을 치면서 도망을 가려고 노력했다. 그러나 어느 순간 코끼리는 포기를 하게 된다. '나도 노력해봤어. 그런데 도망갈 수가 없어. 내 발목에 사슬이 묶여 말뚝에 매달려 있는 이상 난 도망갈 수가 없어'하며 체념과 관념의 사슬에 묶여버리고 만다. 그렇게 포기할 즈음에 쇠말뚝을 작은 나무말뚝으로 교체를 한다. 성장한 코끼리는 나무말뚝이어서 도망을 갈 수가 있다. 그러나 도망갈 생각을 하지 않는다. '나도 해봤어. 그런데 안 돼'하고는 미리 자신의 삶을 포기해 버리고 만 것이다.

긍정심리학자 셀리그만(Martin E. P. Seligman)은 '인간이나 동물이 반복되는 부정적인 사건을 겪고, 미리 자신이 통제할 수 없다는 것을 경험하면서 갖게 되는 무력감은 학습된 무력감이다'라고 했다.

우리들의 삶도 이렇지 않은가? 물리적인 사슬에 묶여 있는 것이 아니라 자기 마음속에 사는 관념의 사슬, 체념의 사슬에 묶여 있지 않은지 생각해 보자. 우리에게는 무한한 능력과 가능성이 잠재되어 있지만, 어린 시절부터 체념의 사슬에 묶여 하루하루를 주어진 환경에 적응하며 안주하면서 보내고 있는 게 현실의 모습이 아닐까.

몇 번의 실수나 실패 또는 여러 가지 사회적인 제도나 관행으로 인한 좌절, 경험 등이 마음의 사슬을 만들어 낸다. 우리의 마음속에 조금이라도 부정적인 체념의 사슬이 있다면 과감히 끊어 버리자. 부정적 자아 개념은 심리적으로 불안감을 느끼며 세상에 대한 부정적 감정과 삶에 대한 의욕상실로 이어진다. 자기 주장하기를 두려워하며 남의 눈치를 보며 주체적 사고를 하지 못한다. 자기 부정적 사고는 자신의 삶을 자신이 주도적으로 살아가지 못하고 타인에 의해 의존적인 삶을 살아가게 된다. 헤밍웨이의 《노인과 바다》를 보면 '희망을 버린다는 것은 어리석은 일이다'라는 문구가 있다. 우리가 희망을 버리지 않고 끝까지 시도한다면, 포기하지만 않는다면 언젠가는 성공할 것이다. 새롭게 꿈을 꾸어 보는 것이다.

자신에게 부정적인 사람은 힘든 일을 극복하지 못한다. 자신에 대해 긍정적이면 힘든 상황이 닥쳐도 극복할 용기를 가지고 행동한다.

자신에 대한 믿음은 자신의 태도를 결정한다. 그 결과로 삶의 방향이 결정되고 자신의 운명을 결정짓게 된다. 자기를 인식하는 태도, 즉 스스로 적극적이고 능동적이라는 믿음이 있으면 그 믿음대로 적극적이고 능동적인 행동을 하고 부족한 자원이 있다면 자원을 찾고 노력해 결과를 만들어 낸다.

용기는 희망을 주며 희망은 용기를 가지고 행동하는 힘을 준다. 마크 트웨인(Mark Twain)은 '용기는 두려움을 느끼지 않는 것이 아니라 두려움에 대한 저항이자 극복'이라고 했다. 용기는 두려움을 극복하고 통제한다. 하고 싶은 일을 하며 살고 있고, 미래에 성공한 자신을 미리 경험하고 만족감을 생각하면 불안한 마음이나 두려움을 극복할 수 있다. 누구나 가보지 않은 길에 대한 두려움은 있지만 자신에 대한 믿음이 확고하다면 두려움, 고통을 기꺼이 감내하고 가능성을 향해 행동하게 된다.

두려움을 극복하는 가장 좋은 방법은 의심을 떨쳐버리고 실행에 옮기는 것이다. '안될 거야, 어려운 계획이야, 무리한 일이야, 그건 효과가 없어'라는 목소리는 무시하고 스스로 의심하지 않고 믿음을 갖고 끝까지 노력하는 것이다. 자신의 능력을 과소평가하지 말고 믿는 마음이 필요하다. 두려움을 극복하기 위한 방법으로 작은 성공이라도 이루어 내는 경험을 갖는 것도 중요하다. 두려움을 깨우는 것은 우리의 마음이고 습관이다.

애벌레가 번데기의 어둠을 겪지 않고서는 하늘로 날아오르는 나비의 자유를 얻을 수 없다. 용기와 실천으로 두려움을 극복할 수 있다. 실패할 것을 두려워 시도하지 않는다면 후회하지 않겠는가?

자신의 삶을 파괴하는 것은 두려움이다. 실패는 성공으로 향하는 하나의 과정일뿐이다. 내가 이루고 싶은 목표를 설정하고 작은 것부터 실행하면서 하나씩 성취해 가는 것이 성공으로 나아가는 길이다.

성공적인 삶을 살아가기 위해선 자신을 자랑스럽게 생각하고 사랑하도록 자기 능력에 대한 자부심이 있어야 한다.

변화 심리학자 앤서니 라빈스(Anthony Robbins)는 '되고자 하는 모습대로 생각하고 느끼고 행동한다면 그 사람이 될 것이며, 그런 사람처럼 행동하는 것이 아니라 바로 그 사람이 될 것'이라고 역설했다.

정서관리 코칭

마음의 운영체계,
마음구조(mind frame) 틀을 바꾸자

　　인간 마음의 운영체계라고 하는 메타 프로그램을 학습함으로써 내면에서 일어나는 우리의 사고 과정을 파악할 수 있다. 정신적 사고 과정으로 사람들이 자신의 내적 세계를 구성해 가는 경로를 보면 본질(사건)을 오감(시각, 청각, 촉각, 후각, 미각)으로 인식한다. 그 다음 인식된 정보를 자신의 성격, 문화, 과거의 경험, 가치에 의해 해석을 하는데 그 본질을 해석하는 과정에서 사람들은 각각 달리 삭제하고 왜곡하며 일반화하는 것이다.

　　즉 사람들은 본질을 두고 무의식적으로 저마다 편향적으로 생각하고 행동을 한다.

　　이처럼 메타 프로그램은 개인의 성격, 가치, 신념, 기억, 경험, 자신의 욕구에 의해 주관적 경험으로 해석하는 구조화다. 선택적으로 상황을 기억하고 해석하고 자신들의 정서와 사고에 의해 자신의 경험을 재구성한다. 개인의 지각 과정에 따라 본질은 삭제되거나 왜곡되거나 일반화되어 자신의 마음 메타 프로그램에 의해 세상을 지각하고 인식한다. 사고는 부분적으로 통제하는 부분과 부분적으로 자동화되는 부분이 있는데 자동화되어지는 부분은 이미 도식화되어 있기 때문이다.

도식이란 일상생활에서 우리가 접하는 사물, 사람, 사건들에 관한 조직화된 지식체계이다. 도식 즉 인지의 틀이 경험과 지각을 자동적으로 해석하는데 자신의 도식에 맞춰 세상을 보면 실수를 저지를 수 있다. 예를 들어, 어떤 사람을 판단할 경우 사회에서 맡고 있는 역할이나 직업을 기준삼아 판단하기도 하는데 이는 자신의 도식화된 주관적 믿음의 정확성을 과신하는 것이다.

사람들은 적극적인 인지활동을 피하는 경향이 크다. 새로운 정보를 받아들여 판단하기보다는 내가 이미 알고 있는 정보에 따라서 행동하기를 원한다. 그래서 내 생각과 일치하려는 것을 찾으려고 한다. 그러므로 주관적이고 편향된 판단을 할 수 있다.

특히 자신을 과신하고 있지는 않은지, 그 교정법으로 의도적으로 내가 확신하고 있는 정보와 일치하지 않은 정보를 고려해 보는 것이 바람직하다.

우리들의 사고와 행동방식을 변화시키고 더 나아가 삶의 태도나 존재방식을 바꾸어 나가기 위해서는 마음의 운영체계인 각자의 메타 프로그램을 알고, 이를 바꾸어 나가는 노력이 필요하다. 본질과 개인에게 인식된 정보가 동일한 것은 아니며 개개인이 인식한 정보가 진실은 아니다. 즉 본질은 하나이지만 인식은 개인의 표상체계나 세상을 인식하는 주요 인식수단인 시각, 청각, 후각, 미각, 촉각에 따라 다르게 구조화되기 때문에 본질을 표현하는 것은 개인마다 다르다. 같은 사건, 현상이라도 사람들은 저마다 사건을 다르게 지각하고 인식하는 것이다.

우리가 살아가면서 느끼는 감정상태가 무의식적으로 사물을 보거나 듣거나 느끼게 되는 순간 만들어진다. 내가 원하지 않는 감정 상태라면 이러한 감정상태를 바꾸기 위한 방법 사고(생각)의 초점을 바꾸는 것이다. 우리는 자신이 원하는 감정상태를 만들 능력을 가지고 있다. 웃는 얼굴표정이나 복식호흡 등으로 신체 상태를 바꾸게 되면 즐겁고 행복한 감정상태가 될 수 있다. 과거에 기분 나빴던 생각이 떠오르면 부정적인 감정상태가 되지만, 즐거웠던 기억은 지금도 긍정적인 감정상태로 만들어 준다.

우리가 어떤 생각을 하고 집중하느냐에 따라 나에게 주는 의미는 달라지고 감정상태도 달라진다. 긍정심리학자인 마틴 셀리그만(Martin E. P. Seligman)은 행복한 사람은 왜 행복한지 연구한 결과, 행복한 사람은 어떻게 하면 행복하게 살 수 있는지 항상 생각하고 배워 나간다는 것이다.

용·어·해·설

삭제 : 자기가 흥미를 느끼거나 관심 있는 정보에 대해서만 선택적으로 관심을 보임으로써 나머지 정보는 걸러내는 것
왜곡 : 자신의 무의식적 욕구에 따라서 현실을 다르게 인식하는 것
일반화 : 서로 다른 정보들을 특정한 정보와 같은 것으로 해석하는 것

변화를 수용하는
유연성이 필요하다

　미국의 자기계발전문가로 ≪정상에서 만납시다≫, ≪시도하지 않으면 아무것도 할 수 없다≫ 등 다수의 베스트셀러 저자인 지그 지글러는 '당신의 마음속에 무엇이 들어 있는가가 현재의 당신을 만든다'라고 했다. 우리는 익숙하고 그래서 편안하다고 느끼는, 늘 해왔던 일을 하는 것을 선호한다.

　어제와 같은 생각으로 행동해서는 안 되는 것을 알면서도 변화에서 편치 않은 스트레스 받기를 두려워하기 때문이다. 변화는 몸으로 움직이면서 느끼는 것이고 진정한 변화는 행동하는 것이다. 그러나 변화에 두려움을 느끼고 혁신에 대한 거부감이 있다.

　해보지 않았던 일을 하려니 불편하고 두렵기만 하다. 그러나 변화하기 위해 두려움과 공포를 이겨 내는 힘이 되는 긍정적 믿음과 확신은 내가 꿈꾸는 삶으로 변화하는데 힘이 될 것이다.

기회는 도전하기에 존재하는 것이지만 변하지 않고, 어제와 오늘이 똑같은 타성에 젖어 있는 삶을 살게 된다면 자신에게 희망과 기회는 사라질 수도 있다. 편안하고 안전하다고 믿고 있는 자신의 현재에 머무르기만 하고 미래에 대한 준비를 게을리 한다면 내일은 고통으로 다가올 수도 있는 것이다.

변화를 수용하는 유연함이 필요하다. 변화를 결심하고 행동하면 기회가 우리에게 온다. 그동안 계획은 했었지만 미루어 왔던 것을 적어 보자. 우리는 자신이 원하는 삶의 모습으로 바꿀 수 있는 잠재력과 자원을 가지고 있다. 작은 습관부터 바꿔 보자. 예를 들면 긍정적인 단어를 사용하고 감정패턴을 조절하는 것부터가 내가 원하는 삶을 살기 위한 시작이 된다. 그렇게 되면 세상을 바라보는 관점이 달라지고 세상에 대한 관심과 의미가 달라지며 자신의 행동도 바뀌게 된다. 우리가 결심만 하면 모든 것을 바꿀 수 있다.

외국어를 배우겠다는 결심, 다이어트를 하겠다는 각오, 일찍 일어나는 습관, 행복하다는 마음 갖기, 매사에 감사하기, 상대방을 칭찬하기 등 자신의 습관을 바꾸는 결정과 행동은 자신만이 할 수 있다. 체중감량을 생각하면서도 초콜릿, 아이스크림, 케이크를 먹으면서 순간적인 즐거움을 느끼고 싶을 것이다. 그렇게 기분 좋은 유혹의 즐거움들을 계속 지속한다면 6개월 후나 1년 후의 모습이 어떨지 상상해보자. 아마 다이어트에 실패하고 여전히 과체중이 나가는 거울 속의 자신과 마주하게 될 것이다.

반대로 내가 운동하고 식단을 조절함으로써 다이어트에 성공하였을 때의 모습을 상상해 보자. 활력이 넘치고 자신감 넘치는 자신의 모습을 그려 보자. 그리고 나의 노력, 나의 의지를 대견하게 생각하는 모습도 떠올려 보자. 이처럼 다이어트를 앞두고도 생각하기에 따라 미래의 결과를 다르게 해석할 수 있다.

지금의 행동이 미래의 나에게 고통이 될 것인가? 즐거움을 줄 것인가? 고통을 피하고 즐거움을 얻기 위해 무엇을 해야 하는가? 지금 해야만 하는 일을 고통과 즐거움으로 나눠서 적어 보고 어느 쪽으로 행동하는 것이 삶에 생산적이고 긍정적인 영향을 줄 수 있는지 생각하면 앞으로 행동을 하는데 도움이 될 것이다.

예를 들어 영어회화 공부를 시작한다고 가정해 보자. 고통인가? 즐거움인가? 적어 보면 무엇을 해야 하는지 알 수 있게 된다. 다이어트를 시작한다. 고통인가? 즐거움인가? 적어 보고 선택한다. 새로운 도전을 하는 것, 변화한다는 것은 고통과 즐거움을 동시에 가져다 주기도 한다. 현재 생활에 안주하면서 편안함을 선택하는 것은 나에게 있는 성공의 씨앗을 키우지 않겠다고 포기하는 것이나 마찬가지이다.

목표를 세우고 달성하기 위해서는 자신의 한계를 극복하면서 때로는 편안함도 버리고 달려야 한다. 언제나 편안한 곳에 안주하고 시도조차 해보지 않는다면 자신의 노력 여하에 따라 나아질 수 있는 발전가능성을 버리는 어리석은 선택이 된다. 편안함은 나태와 게으름을 동반하기 때문에 성공과 맞바꿀 수 없다. 변화하기 위해서는 동기 부여가 필요하다. 꼭 변해야겠다는 절박함이 있다면 의지가 생기고 행동을 하게 된다. 변화에는 많은 고통이 따르기에 변화해야 하는 것을 알고 있으면서도 행동하는 것을 주저하고 언젠가는 막연히 좋아질 거라고 생각만 한다. 그러나 변화하는 것이 즐겁고 행복한 결과를 가져다 준다는 것을 기억하고 자주 그려 보면 동기 부여에 많은 도움이 된다. 비전은 미래를 창조하는 재료이고, 미래를 향해 나아가게 하는 원동력이기 때문이다.

긍정적인 생각과 말이
원하는 삶을 만든다

　파울로 코엘료(Paulo Coelho)는 ≪연금술사≫에서 '자네가 무언가를 간절히 원할 때 온 우주는 자네의 소망이 실현되도록 도와준다네'라고 했다. 습관적으로 내가 사용하는 말을 바꾸는 것만으로도 내 삶을 변화시켜 내가 원하는 삶으로 살 수 있다. 용기를 북돋워 주는 말, 고마움을 표현하는 말, 인정해 주는 말, 편안하게 해 주는 말, 격려와 응원을 하는 말, 관심을 보여 주는 말, 관계를 개선하는 말, 웃게 만드는 말, 믿음과 존중을 나타내는 말, 상냥한 말, 이해와 공감을 보여 주는 말, 찬성하는 말, 예의 바른 말, 사과와 용서가 담긴 말, 애정이 담긴 말, 사랑을 전하는 말 등은 나도 행복해지고 상대방과의 관계도 풍성하게 해준다.
　≪인간 관계론≫의 저자 데일 카네기(Dale Carnegie)는 '비판은 칭찬과 감사의 말로 시작한다'라고 했으며 ≪긍정적인 말의 힘≫의 저

자 할 어반(Hal Urban)은 '친절한 말은 우리가 세상에 절망할 때 힘을 준다'고 말했다.

말은 그 사람의 가치와 신념을 형성하고 감정을 좌우하게 한다. 가치와 신념에 따라 우리는 매일 행동하게 되고 그 결과가 삶의 모습이 된다.

평소 사용하는 말이 나에게 용기와 희망을 주는 말인지, 아니면 절망과 고통을 주는 말을 더하는지 지금 되짚어 볼 필요가 있다. 성장과 행복을 원한다면 기대하는 방향으로 모든 에너지와 기운을 집중해야 한다.

오늘 내가 사용한 단어를 생각해 보자.

비참한, 울적한, 걱정스러운, 불안한, 실망스러운, 실패, 두려움, 분노, 참을 수 없는, 낙담, 기대되는, 명랑한, 열정적인, 굉장한, 활기찬, 감사한, 열심히, 낙천적인, 기분 좋아, 잘되고 있어, 매력적인, 활기 넘치는, 충만한, 쾌활한, 가슴 설레는, 황홀한 등 자신이 익숙하게 사용하는 단어가 씨앗이 되고 열매가 되어 내 인생이 된다.

다음의 부정적 느낌을 주는 단어를 읽어 보고 단어들에서 느껴지는 감정은 어떠한지 적어 보자.

파괴하다, 폭동, 경련, 마약, 죽이다, 비판, 속이다, 경멸하다, 상처를 주다, 고통스럽다, 경고, 유치장, 고뇌, 부랑자, 비난하다, 폭발하다, 죽음, 거짓말, 깨뜨리다, 금지하다, 위협, 긴장, 고통을 받다, 복

수하다, 비열하다, 파멸, 질병, 비극, 질식시키다, 강압, 미워하다, 살인하다, 잃다, 추한, 당황하다, 실패하다, 테러, 전쟁, 불평하다, 사기, 타락하다, 실직하다, 찌르다, 질투, 어리석다, 우울하다, 습격, 때리다, 훔치다, 못마땅하다, 의기소침하다, 무례한, 거친, 상스러운, 불결한, 성난, 비열한 등

긍정적인 단어가 주는 느낌을 느껴 보고 희망적인 높은 에너지를 가져 보자.

사랑, 용기, 멋지다, 즐겁게 하다, 따뜻함, 동의, 살아있다, 성취하다, 파티, 행복함, 찬사, 친구, 믿음, 명예, 휴가, 신뢰, 열광, 희극, 승리, 안전하다, 축복받다, 친절, 고요, 초대하다, 아기, 주말, 존경하다, 지지하다, 좋다, 보상, 긍정, 똘똘하다, 긍정, 평화, 훌륭하다, 치유하다, 놀다, 포옹, 성취하다, 돕다, 성공, 개선하다, 애정, 천국, 용서하다, 진실, 희망, 편안함, 공평, 미소, 감사, 특별하다, 즐거움, 우아함, 칭찬, 신임, 아름다움, 웃다, 재밌다, 축하하다, 정중한, 공손한, 예의 바른, 친절한, 사려 깊은, 우아한, 점잖은 등

마음은 사람의 몸에 깃들어서 감정과 의지 등의 정신활동을 하는 것이고, 모든 감정을 쌓아두는 장소인데 미국의 성공 철학자 지그 지글러는 '당신의 마음속에 무엇이 들어있는가가 현재의 당신을 만든다'라고 하였다. 내가 선택하고 한 말들이 나와 타인을 기분 좋게 하는 말, 축하하는 말, 감사하는 말이라면 그런 자신의 선택이 자신의

삶을 기분 좋고 감사한 삶으로 만들 수 있다는 것이다.

  따뜻하고 행복한 말들은 나를 웃을 수 있게 해준다. 지금껏 이룬 것을 명예롭게 해주고 인간의 선함에 대한 믿음을 되찾게 한다. 긍정적인 말들은 자아정체성을 높여주고 최선을 다할 수 있도록 용기를 주기도 한다. 때론 사기를 고취시키고 가슴이 따뜻해지며, 기분이 좋아지고 상처를 치유해 준다. 내면에서 최선을 다하고자 하는 감정을 이끌어 내고 자신감을 주며, 힘든 시기에 용기를 주고 슬플 때 위로해 준다. 결과적으로 삶을 윤택하게 해 준다. 이처럼 좋은 말의 힘은 위대하다.

행복하게 만드는
기술 앵커링

　사건은 특정감정을 일으키는 상황으로 자신 안에 있는 경험과 연결되어 감정을 불러온다. 사람들은 사건을 접하는 순간 긍정 또는 부정적인 감정변화가 일어나면서 행동하게 되는데 이것은 앵커링(anchoring)의 결과이다.

　앵커(anchor)의 사전적 의미는 닻, 고정 장치, 마음의 의지할 힘이 되는 것이다. 노벨경제학상 수상자이자 저명한 심리학자인 대니얼 카너먼(Daniel Kahneman)이 제시한 '정박 효과(anchoring effect)'도 그런 은유적 표현으로 '닻 내림 효과' 또는 '앵커링 효과'라고도 한다.

　이 앵커링 효과를 자신의 마음을 행복하게 만드는 기술로 응용할 수 있다. 구체적인 사례의 긍정적인 기억과 생각들을 우리 몸에 고정시켜 두면 어떤 상황에서라도 자신이 원하는 정서상태를 이끌어 내어 지속적으로 느낄 수 있게 하는 방법이다. 잘 형성된 긍정적인 앵커는 편안한 마음으로 최고의 결과를 경험하게 한다. 자신의 성공 경험이나 행복했던 순간들을 앵커링 기법에 따라 몸과 마음에 튼튼하게 고정시켜 놓고 힘들고 용기를 얻고 싶은 상황이 되면 마음속의 긍정적 자원들을 끄집어내 상황을 전환할 수 있게 된다.

우리의 행동은 긍정적 감정과 부정적 감정에 따라 반응하게 된다. 나의 긍정적 감정, 자신감이 충만했던 순간, 성취감으로 자신을 대견하게 느꼈던 기억들을 모아 기억하고 몸 곳곳에 고정시킨다. 만약 우울하고 고통스러운 상황이 발생하면 예전의 긍정적 감정이었던 마음속의 자원을 끄집어 내어 행복했던 순간으로 바꾸는 것이다. 이처럼 사건 등 어떤 정보가 기억되면 감정을 일으켜 심신에 밸런스가 무너질 위험이 있을 때 우리는 원하는 과거의 기억을 다시 되살려 언제라도 자신의 마음을 평온하고 행복하게 선택할 수 있는 기법이 앵커링이다.

리소스풀(resourceful)한 상태는 자신의 자원을 자신이 목적을 이루는데 도움이 되는 재료로 삼아 성공하고 행복한 경험을 몸에 기억하게 하여 정서 상태 관리(state management)를 하는 것이다. 마음의 닻인 심리적 앵커는 시각적, 청각적, 촉각적, 후각적, 미각적으로 나타난다. 긍정적 정서 상태를 자신의 심신에 고정하여 자신의 마음을 선택할 수 있다.

여러분도 지금 앵커링을 해볼 수 있다. 여행 중 어떤 장소에서 무심히 어떤 음악을 들었는데 굉장히 행복한 느낌이 드는 순간이 한번

쯤은 있었을 것이다. 속상하고 기분 나쁜 상황에 놓여 있다면 그 음악을 찾아 들어 보자. 입가에 미소와 함께 당신의 마음도 따뜻하고 평온해질 것이다. 음악을 통해 행복한 순간을 떠올리는 것 역시 청각적 앵커링 방법이다.

셀프 앵커링 연습 과정
(정서상태 관리하기)

1. 긍정적 감정을 생생하게 떠올린다(앵커의 소재는 과거, 현재, 미래 등에서 찾을 수 있다).

    최고였다고 확신이 들 때를 생각해 보자. 그런 경험이 없다면 자신이 넘치는 자신감으로 행동하는 사람이라고 상상해 본다. 가장 기뻤던 때를 떠올리며 자신이 본 것을 마음의 눈으로 본다. 자신이 들은 것을 내면의 소리, 독백으로 듣는다. 그때 자신이 느낀 것을 생생하게 그대로 느끼며 냄새도 기억한다. 맛보았던 것도 그대로 맛본다. 긍정적 감정의 경험을 자신감을 줄 수 있는 상징(symbol)이나 은유(metaphor)로도 만들 수 있다

2. 눈을 감고 심호흡을 하며 긴장을 풀고 가장 편안한 상태로 그 장면의 기쁨을 온몸으로 느껴 본다.

그 기쁨, 느낌이 어떠한가? 그 기쁨의 느낌을 신체 어디에 놓을지, 앵커를 놓을 수 있는 신체 위치를 선택한다. 앵커를 놓는 몇 가지 예는 오른손으로 왼쪽 손목잡기, 오른손을 가슴에 대기 등이다. 실제로 그곳에 있다고 상상하면서 느껴 본다. 그때 온몸으로 느꼈던 감각을 그대로 느끼면서 그 느낌에 앵커링한다. 일어나자마자, 일을 시작하기 전, 잠자리 들기 전에 긍정적 에너지를 충전한다. 우리 뇌 속의 해마 안에 긍정적 에너지를 저장하면 뇌는 그만큼 건강해진다. 인간의 뇌는 실제와 상상을 구별하지 못하기 때문에 의도적으로 긍정에너지를 만들수록 우리 몸의 에너지는 활기차게 변한다.

3. 자신의 앵커에 접촉하여 10~15초간 앵커에 집중하기
완전한 느낌이 들 때까지 여러 번 앵커링한다.

중심 잡기 센터링을 해 보자

나를 변화시키는 것은 나의 마음이다. 나의 중심으로 돌아가면 외적인 반응에 관조하면서 바로 반응하지 않게 된다. 그렇게 자신의 중심을 잡는 센터링(centering)이란 훈련법이 있다.

차를 타면 안전벨트를 착용하고 출발을 하듯 센터링은 중심을 잡는 것이다. 중심을 잡고 발을 땅에 고정시키는 것이다. 복식호흡을 하는 방법으로 발을 어깨넓이로 벌리고 똑바로 정면을 바라본다. 배꼽 밑 5센티미터되는 곳에 깍지 낀 손을 올려놓고 긴장을 푼다. 호흡을 하는 것에 집중하는데 천천히 들이마시면서 배를 불룩하게 하고 숨을 내쉬면서 모든 긴장을 풀면서 이 순간에 몰입을 한다. 깊이 집중하면 평온함을 찾게 된다. 공기를 빼듯 배를 들어오게 하고, 중심을 잡고 서 있게 되면 옆에서 밀어도 밀리지 않는다. 모든 것은 우리가 선택하는 것이다. 원하는 것, 즐거운 것, 바라는 것, 상상하는 것에 집중해서 행복을 느껴 본다.

　중심을 잡기 위해, 행복해지기 위해 따로 시간을 낼 필요가 없이 의지만 있으면 된다. 차가 밀려있을 때, 발표를 해야 하는데 긴장될 때 등 활용하면 효과적이다. 감정적으로 반응하기 전에 몹시 불안한 심리일 때 깊은 심호흡만 하는 것도 도움이 된다. 지금 잠깐 멈추고 따라해 보자. 앉은 자세로도 가능하다. 숨을 들이마시며 생각하거나 반응하지 말고 관찰자의 입장이 되어 보면 마음이 충만함을 느끼게 된다. 내가 되고 싶은 모습, 최고의 나를 그리며 호흡에 집중한다.

　중심잡기 호흡법은 내가 되고 싶어 하는 나를 만들 수 있다. 사회에서의 나, 가정에서의 내가 바라는 모습으로 연출할 수 있다. 삶은 매 순간 우리에게 많은 것을 주는데 그것을 느끼며 즐기는 것은 자신의 선택이다. 행복이란 저 멀리 도달해야 하는 목표가 아닌, 매 순간을 사랑하는 사람과 느끼며 나누는 평온함과 흐뭇한 마음이다.

긍정적 기대는 자신에 대한 신뢰가 필요하다

 심리학자 칼 로저스(Carl Rogers)에 따르면 '사람들의 문제는 스스로 타고난 가능성과 잠재력을 발휘하지 못하고 외적으로 부여된 가치 조건들에 맞추어 살려고 할 때 생겨난다'고 하였다. 대부분의 사람은 자기 주위에 있는 사람들의 견해 패러다임에 의해 영향을 받는다.

 긍정적인 기대감을 갖고 살아가는 사람은 불안에 사로잡혀 사는 사람과 구분된다. 자기 확신 즉 자신에 대한 기대도 자신의 능력이며, 긍정적 기대는 우리가 가져야 할 인생의 목표이다. 사람은 누구나 남들보다 잘할 수 있는 특성을 하나쯤 가지고 있다.

 인생은 우리가 생각하는 대로 만들어진다. 인지 심리학자들은 마음속으로 무엇인가 일어나기를 기대하면 그 일이 실제로 일어난다고 한다. 무의식 속에 가졌던 신념은 반드시 현실이 된다. 인생이 행복한 삶이 되려면 좋은 결과를 상상하고 긍정적인 신념을 가져야 한다. 우리가 인생에서 얻는 것 대부분은 우리가 기대하는 것이기 때문이다. 원하는 것에 집중하자.

긍정적인 기대는 자신에 대한 신뢰가 중요하다. 윌리엄 제임스(William James)는 '행동은 의지에 의해 직접적으로 통제할 수 있으나 감정은 그렇지 않다. 그러나 감정은 행동을 조정함으로써 간접적으로 조정할 수 있다'라고 했다. 감정변환을 해야 한다. 몸과 마음을 편안하게 하고 가장 좋았던 일을 상상해 보자.

긍정적인 기대감, 자기 확신은 자신의 능력이 된다. 우리가 인생에서 얻는 것 대부분은 우리가 기대하는 것이기 때문이다. 긍정적인 기대는 자신에 대한 신뢰가 중요하다. 긍정적인 사고는 어린 시절부터 형성된 누적된 결과이지만, 지금부터라도 자신에 대한 신뢰감을 키워 나가면 긍정은 그만큼 커진다.

사람의 마음은 자석과 같아서 생각하는 것을 끌어당기는 힘을 가지고 있다. 물리적인 세계에서 작용한 자기력의 법칙이 보이지 않는 차원에서도 똑같이 작용하기 때문이다. 긍정적인 기대감을 갖고 있다면 자기 불신과 불안에 사로 잡혀 있는 사람들과 확연히 구분된다. 자기 확신이야말로 자신의 능력이다.

신뢰와 기대 그리고 지지하는 마음, 자신의 작은 성공 경험들은 자신을 신뢰하고 자신의 능력이 향상되고 있다는 것을 알게 한다. 자신에게 기대하고 지지하는 마음이 생겨 스스로 능력을 증진시킬 수 있다는 확신을 가지고 자신이 선택한 행동을 통해 능력을 향상시켜 나가는 것이다.

 사람은 자신의 욕구를 알아차리고 욕구를 충족시키기 위해 스스로 선택한 행동을 주체적으로 실행한다. 그리고 자기 평가를 통해 부족하다고 인식한 부분을 개선하는 것이다.

 자신이 유능하다고 믿는 마음은 자신이 스스로 의사를 결정하고 내재적 동기를 유발하여 행동하기 때문에 셀프 리더십에서 매우 중요하다.

습관이 쌓이면
그것이 인생이 된다

좋은 습관의 중요성을 인식하고 올바른 습관을 형성하도록 노력해야 한다. 습관은 하루아침에 생기는 것이 아니라 꾸준히 길러야 한다. 마치 가느다란 실이 여러 번 감겨 굵은 밧줄이 되듯이 습관도 여러 번 반복할 때 좋은 습관으로 튼튼하게 길러지게 된다.

매일 아침마다 하는 세수와 양치질을 생각해 보자. 아침에 일어나면 아무 생각도 하지 않고 무의식적으로 이를 닦고 세수를 한다. 하루라도 하지 않는다는 상상은 할 수 없을 것이다.

어린 시절 형성된 습관은 어른이 된 지금도 그대로 하고 있으며 일단 습관이 된 행동은 무의식중에 나오게 된다. 우리가 원하는 그 어떤 행동도 습관화할 수 있다. 그래서 성공한 사람들은 좋은 습관을 많이 가지고 있다.

원하는 습관은 상기 기억상치에 저장되고 자연스럽게 이루어신다. 생각은 태도로 나타나고 태도는 행동습관이 된다. 습관의 형성 단계는 결심하는 것부터가 시작이다.

여기서 중요한 것은 일부라도 결심한 목표에서 벗어나는 예외를 인정하면 안 된다는 것이다. '오늘은 피곤하니까, 오늘은 약속이 있어서……'이런 식으로 자기 합리화를 하다 보면 목표는 수포가 된다.

나쁜 습관을 버리고 좋은 습관을 가지는 방법 중 하나가 본인이 목표로 세운 것은 주변 사람에게 말을 하여 알리는 것이다. 아울러 좋은 습관으로 달라진 자신의 모습을 시각화해 보고 실천사항을 확인하고 점검하도록 한다.

습관이 쌓이면 그것이 인생이 된다. 성공인의 습관은 말로부터 시작된다.

사람이 생각하는 것은 씨앗이 되어 열매를 맺는다.

봄에 씨앗을 뿌리지 않는다면 가을에 수확의 기쁨을 누릴 수 없듯이 모든 것은 인과 관계로 이루어진다. 성공을 바란다면 성공할 수 있다는 생각부터 하자. 생각은 행동을 낳고, 행동이 쌓여 꿈꾸어 온 삶을 이루게 한다. 성취를 위한 강력한 접착제인 습관, 적극적이고 긍정적으로 생각하는 습관이 미래를 결정한다.

자신이 꿈꾸는 행복한 삶을 원한다면 습관부터 바꿔야 한다. 사람이 매일 하는 행동 90% 이상은 습관에서 나온다. 습관은 어린 시절부터 누적되어 형성된 것이다. 어린 시절은 부모의 영향을 가장 많이 받지만, 정체성이 생긴 후에는 오직 자신만이 자기 마음과 습관을 지배할 수 있다.

　세상에서 가장 강력한 접착제는 습관이다. 사람에게 강력하게 붙어 있어 쉽게 떼어지지 않는다. 떼어내려고 하면 많은 노력이 필요하다. 그러나 사람들은 자신에 대한 신뢰가 없고, 익숙한 것이 사라질 때의 두려움 때문에 습관을 고치려 하지 않는다. 사람들은 성장하면서 선호하는 행동을 계속 반복적으로 하게 된다.

　그렇다면 습관은 어떻게 만들어지는가? 목표 의식이 뚜렷하다면 자신이 원하는 목표를 달성하기 위해 하기 싫은 행동을 참기도 하고 애써 하기도 한다. 그러는 과정 중에 어느 순간 습관이 만들어진다.
　습관에는 사고 습관과 행동 습관이 있는데, 사고 습관은 시도해 보지 않고 형성된 반복적인 관념이고, 행동 습관은 경험에서 얻었던 만족을 다시 얻기 위해 반복하는 행동이다. 처음에는 사고 즉 생각하고 행동하지만, 동일한 행동이 반복되다 보면 사고하지 않아도 자연스럽게 행동을 하게 된다. 예를 들면 초보 운전 시절에는 여러 가지 교통 신호를 보면서 오직 운전에만 집중하지만, 운전이 익숙해지면 음악도 들으면서 운전한다.
　바람직하지 않은 습관을 바꾸려면 많은 노력을 해야 한다. 별로 생활에 도움이 되지 않는 습관은 몸에 쉽게 길들여지는데 반해 좋은 습관은 좀처럼 길들여지지 않는다. 현재 자신이 습관처럼 자주하고 있는 행동 중에서 만족할 만한 것이 있는지 생각해 보아야 한다. 흡

족한 것이 있고 계속될 수 있다고 판단되면 그 습관이 삶의 비전과 목표를 달성하는데 유용하고 도움이 되는지 생각해 보자. 그렇다면 그 행동을 습관으로 지속해도 좋지만, 아니라면 바꾸어야 한다.

습관은 행동형이다. 한번 몸에 밴 습관은 평생 갈 수 있다. 어릴 때부터 길들여진 습관일수록 더욱 그렇다. 이미 익숙해진 습관 중에서 삶의 질을 낮추는 것이 있다면 과감하게 버려야 한다. 무심코 하는 행동이 습관으로 굳어지는 것을 막으려면, 행동하기 전에 항상 생각부터 해 봐야 한다. 생각하고 행동하고, 또 생각하고 그 다음 행동으로 옮기기란 쉽지 않다. 특히 성격이 급한 사람은 더욱 힘이 들 것이다. 그러나 그렇게 해서 삶의 질이 바뀔 수 있다면 노력해 봐야 하지 않겠는가?

≪성공하는 사람들의 7가지 습관≫의 저자 스티븐 코비(Stephen Covey) 박사가 말하는 성공하는 사람들의 처음 세 가지 습관에서 첫 번째 습관은 '주도적이 되라'이다. '주도적이 되라'는 개인적 비전을 위한 습관이다. 자신의 인생에 책임을 갖고 행동하라는 의미일 것이다. 앞서 언급한 꿈의 목록을 작성하는 것도 개인적 비전을 위한 습관이다.

두 번째 '목표를 확립하고 행동하라'는 개인적 리더십의 습관과 개인적 가치관 확립을 의미하는 것이다. 성공인의 3%는 항상 구체적인 목표를 수립하고 행동하는 습관이 있다.

그리고 세 번째 '소중한 것부터 먼저 하라'는 것은 개인관리의 습관, 즉 우리의 목표를 구체적인 행동으로 옮기고 우선순위를 정해 시간활용을 잘하라는 것이라고 생각한다.

우리는 매일 긴급하고 중요한 일이나, 긴급하지도 중요하지 않은 일에 많은 시간을 보내고 있다. 긴급하고 중요한 일은 우리가 하루하루 살아가는데 중요한 과정이다. 그러나 중요하지도 급하지도 않은 일에 많은 시간을 낭비하며 살아간다는 점은 문제라고 생각한다.

스티븐 코비 박사가 말하는 긴급하지 않지만 중요한 것을 실행하는 것도 습관이다.

좋은 결과를 그려 보는 것도 습관이다

마음가짐이란 오랜 세월에 걸쳐 쌓아온 그 사람의 사고방식을 말한다. 현재까지 기억이나 체험 그리고 습관적으로 계속 생각해 왔던 것이 마음가짐을 형성한다.

행동은 어떻게 생각하느냐에 따라 달라진다. 낙천적 사고는 낙천적인 행동을 낳고, 비관적 사고는 비관적인 행동을 낳기 마련이다. 적극적 사고는 적극적인 행동을, 소극적 사고는 소극적인 행동을 낳기 마련이다. 부정적 사고를 가진 사람의 정서에도 긍정적인 것과 부정적인 것이 있는데, 기본적으로는 부정적인 정서가 더 많이 차지하고 있다. 부정적인 생각들 예를 들면 두려움, 불평, 불만, 피해의식, 비난, 원망, 우유부단함, 이기주의 등은 버려야 할 것들이라면, 경청, 칭찬, 신뢰, 존중, 감사, 성실, 사랑, 배려, 긍정, 친절함, 자신감 등 긍정적이고 생산적인 사고는 평생 가지고 가야 한다.

습관을 갖고 있다는 것은 몸에 익숙한 무엇인가가 있다는 뜻이다. 태도는 사고의 결과물이며, 사고는 관념에 따라 하게 된다. 습관은 습관으로만 정복이 된다. 스티븐 코비 박사는 '시간이 지나면 우리의 선택은 마음의 습관이 된다. 그리고 이 마음의 습관들은 우리의 시간과 삶의 질에 다른 어떤 요인보다 큰 영향을 준다'라고 하였다.

자존감, 열정, 긍정적 사고도 특별한 종류의 습관이다. 매사에 열정적이고 적극적이며 긍정적이고 자신감이 넘치는 사람이 있는가 하면 그 반대인 사람도 있다. 사고의 습관에 따라 매사가 달라지고 삶의 질이 차이 나기 마련이다. 좋은 결과를 그려 보는 것도 습관이다.

물리학에는 관성의 법칙이 있다. 최초로 주어진 힘은 계속 그 힘을 지속한다고 하는 이론이다. 마찬가지로 인간도 최초로 관심을 가지면 그 관심을 지속한다고 한다. 심리적인 관성의 법칙이 작용하기 때문이다.

습관은 하루아침에 형성된 것이 아니다. 한번 길들여진 행동은 오랫동안 신은 구두와 같아서 편안함을 느끼게 한다. 새로운 신발을 신었을 때의 불편함은 누구나 경험해 봤을 것이다. 하지만 새 신발도 오래 신으면 편안해지는 것도 경험했을 것이다. 아무리 편안한 구두라도 낡아서 못 신게 되면 새 신발을 신을 수밖에 없다. 새 신발이 주는 잠시의 불편함을 감수하고 나면 또 다시 만족감을 얻을 수 있기 때문이다. 편안함을 주는 습관들이 삶에 만족을 주는 것이 아니라면 과감하게 새로운 습관을 형성하여 만족스러운 결과를 얻어

내야만 한다.

영국의 저술가 새뮤얼 스마일스(Samuel Smiles)는 '습관이란 나무 껍질에 글자를 새긴 것과 같아서 그 나무가 커짐에 따라 글자도 커진다'라고 했다. 그리고 '세 살 적 버릇 여든까지 간다'라는 속담도 있지 않은가? 잘못 길들여진 습관의 사슬을 과감히 잘라 버리자. 나쁜 습관은 누구에게나 있기 마련이다. 그러나 그것을 정작 자신은 모르기도 하고, 나쁘다고 인정하지 않고 합리화하기도 한다.

삶은 변화시킬 수 있다. 가장 하고 싶거나, 반드시 해야 하는 것부터 시작해 보자. 내일이 아닌 지금 당장 좋은 습관을 길들여 보자. 나쁜 습관을 빨리 고치는 만큼 삶이 행복해질 수 있다. 앨버트 그레이(Albert Gray)는 ≪성공의 공통분모≫라는 책에 서술하기를, '성공한 사람들은 실패자들이 하기 싫어하는 것들을 하는 습관을 가지고 있다. 그들도 그것이 좋아서 하는 것은 아니다. 다만, 그들은 강한 목적의식 때문에 싫어하는 감정을 억누르기 때문이다'라고 했다.

성공한 사람들은 목표를 행동으로 실천할 수 있도록 글로 써보고 점검하는 습관을 길들인다. 이것이 습관을 바꾸는 행동 과학적 기법이다. 꿈을 기록해 보고 목표를 설정하면 강한 목적의식이 좋은 습관을 형성하는 자극제가 된다. 습관은 수확이라는 법칙이 잘 적용된다.

'뿌린 대로 거둔다'라는 속담은 습관 형성을 잘 말해주고 있다.

정신분석의 창시자인 프로이트(Sigmund Freud)는 인간에게는 현재의식과 잠재의식이라고 하는 두 가지 의식이 있다고 했다. 현재의식은 평소의 의식적인 사고를 말한다. 맛을 보고 맛있다고 느끼는 것, 아프거나 뜨겁다고 느끼는 것, 신문을 읽거나 대화를 하는 등 일상생활에서 느끼는 생각 등이 이에 포함되는데, 사람의 의식 가운데 차지하는 비율은 10% 정도라고 한다. 잠재의식은 의식하지 못하는 부분으로서 사람의 의식 가운데 90%를 차지하고 있다. 잠재의식은 귀중한 의미의 메시지를 보관해 두었다가 적절할 때 사용한다. 예를 들면, 길을 걸을 때는 잠재의식만 작용한다. 오른발이 앞으로 나가면 왼발은 생각하지도 않고 앞으로 나간다.

습관은 바로 이러한 잠재의식에서 비롯된다. 사고 습관이 행동 습관을 낳고, 행동 습관이 인생을 만들어 간다. 긍정적인 생각, 부정적인 생각 등 생각하는 것도 습관이다. 인생을 긍정적으로 보는가, 부정적으로 보는가도 사고 습관이다. 습관이란 몸에 배어 자동적으로 하게 되는 것이다. 언어 습관은 자신과의 대화가 외부로 표현되는 것이라고 하지 않는가?

경영학의 대가 톰 피터스(Tom Peters)는 '태도가 그 사람의 모든 것이다'라고 했다.

이제 습관 관리표를 만들어 좋은 습관과 나쁜 습관을 적어 보자. 그리고 잘하는 것, 잘하고 싶은 것, 고치고 싶은 것도 적어 보자. 자신을 객관화하여 돌아보는 시간이 될 것이다. 긍정적인 눈으로 보면 누구에게나 강점이 있듯이, 좋은 결과를 그려 보는 것도 습관인 것이다.

습관 점검표

1. 원하기 때문에 이미 가지고 있는 것(잘하고 있는 것들)
2. 원하지만 아직 갖지 못한 것(잘하고 싶은 것들)
3. 원하지 않는데도 갖고 있는 것(고치고 싶은 것들)

잘하고 있는 것들

잘하고 싶은 것들

고치고 싶은 것들

성공 습관 만들기

1.
2.
3.

> 우리들이 마음속에 그린 꿈을 생생하게 상상하고 간절히 바라며 깊이 믿고 열의를 다해 행동하면 그것이 무슨 일이든 반드시 현실로 이루어진다.
> – 폴 마이어

	1	2	3	4	5	6	7	8	9	10	11	12	13	14	15
1															
2															
3															

	16	17	18	19	20	21	22	23	24	25	26	27	28	29	30
1															
2															
3															

습관에 관한 실례를 보자.

한 사나이가 마법의 돌에 대한 정보를 얻었다. 마법의 돌은 쇠붙이를 순금으로 변화시킬 수 있는 조그마한 수정이다. 기록에는 그 돌이 흑해 해변에 그것과 아주 비슷하게 생긴 수많은 자갈들 속에 있다고 적혀 있었다. 그 무수한 자갈들 속에서 마법 돌을 골라내는 비법은 단 한 가지였다. 바로 돌의 온도로 알아보는 것이었다. 마법 돌은 손에 쥐었을 때 따스하게 느껴지지만 보통의 자갈은 차갑게 느껴진다는 것이 비밀의 열쇠였다.

사나이는 모든 소유물을 팔아서 흑해의 바닷가에 캠프를 쳤다. 그리고는 자갈들을 하나하나 조사하기 시작했다. 그는 조약돌을 집어서 돌의 온도를 살피고 만약 그 돌이 차갑게 느껴지면 그대로 바다에 던져 버렸다. 그는 온종일 그렇게 하면서 시간을 보냈다. 조약돌을 집어서 바다에 던지는 일을 지칠 줄 모르고 계속했다.

그럭저럭 삼 년이 흘렀다. 그러던 어느 날 아침이었다. 늘 하던 대로 하나의 조약돌을 집어서 바다에 넣는 순간 그는 어떤 이상한 기운을 느꼈다. 그 돌이 다른 돌과는 달리 따뜻하게 느껴졌던 것이다. 그는 그 돌이 손에서 떠나는 바로 그 순간에 '아차 이 돌은 왜 이렇게 따뜻하지?'라고 생각했지만 이미 때는 늦었다. 삼 년을 하루같이 자갈을 바다에 던지는 동안 어느새 그 행동이 습관처럼 몸에 배어버린 것이다. 그리고 그는 그 습관으로 인해 그가 원했던 것이 손에 쥐어졌음에도 불구하고 그대로 바다에 던져버리고 말았다. 이처럼 습관이란 참으로 무서운 것이다.

긍정적인 자기 이미지 만들기

사람을 처음 만날 때 그와 관련된 정보나 단서를 근거로 하여 첫인상을 형성하게 되는 것을 초두효과(primary effect)라고 하는데 처음 들어온 정보는 나중에 들어온 정보보다 큰 영향력이 있는 것을 말하는 것이다. 항상 좋은 이미지를 그리는 습관은 그야말로 성공 습관이 되는 것이다.

이미지 메이킹을 하면 자신이 행복해지고 자신감이 생기게 된다. 이미지 메이킹에 중요한 부분인 훌륭한 매너는 남을 배려하고 존중하는 마음에서 비롯되며 하루아침에 얻어지는 것이 아니다. 흔한 예로 건물에서 문을 열고 닫을 때 뒷사람을 생각하지 않고 닫아 버리면 뒤에 오는 사람은 문에 부딪칠 수도 있다. 문을 열고나올 때 잠시 뒤돌아 사람이 있으면 문을 잡아주는 배려는 기본이 아닐까? 그런데 예상외로 그런 사람들이 많지 않다. 그런 배려를 받았을 때 '감사합니다'라고 답례를 하는 사람도 많지 않다.

　매너도 경쟁력이 큰 매력에 속한다. 남성이든 여성이든 호감이 가는 사람의 공통점은 '첫 만남에서의 이미지가 매력적이다'라는 것이다. 매너도 경쟁력의 시대다. 매력적이란 의미는 외모로만 판단하는 것은 아니다. 얼굴 표정, 옷차림, 자세, 말투, 인사하는 모습, 걸음걸이, 남을 배려할 줄 아는 너그러움, 상대방의 말을 경청해 줄 수 있는 여유로움 등 여러 가지를 포함한다.

　이미지란 타인이 보고 느낀 나의 모습이다. 이미지는 타고나는 것이 아니라 만들어지는 것이라고 한다. 내가 다른 사람에게 어떻게 보일까? 하는 것은 사람들의 가장 큰 관심거리 중의 하나이다. 누구나 갖고 있는 이미지, 그 이미지를 내적인 이미지와 아름답게 조화시켜 외적으로 훌륭하게 연출하는 것은 현실적으로 매우 중요하다. 사람은 겉만 보고 알 수 없다는 말도 있지만 첫인상은 오랫동안 그 사람을 판단하는데 영향을 미쳐왔다.

　이미지를 향상시키고자 하는 사람의 출발점은 먼저 자신을 바르게 아는 일이다. 그래야 자기가 바라는 이미지와 비교하여 어느 부분을 어떻게 향상시킬까 하는 방법도 나오게 된다.

　부모, 남편, 아내, 주위의 지인들에게 나의 이미지를 들어 보자. 자신이 원하는 이미지가 있을 것이다. 그들이 느낀 나의 이미지와 내가 원하는 이미지와 비교해 보자. 원하는 이미지를 적어도 하루에 몇 번씩 읽어 보며 자신이 원하는 이미지를 현실로 만들기 위해 의무적으로 노력을 하자.

　이미지도 구체적으로 시각화를 하자. 자신이 만들고 싶은 이미지를 상상하고 머릿속으로 그려 보자. 단 한 번 만났을 때도 자신의 이미지를 진솔하게 전달할 수 있어야 한다. 사람들 대부분은 다른 사람을 평가할 때 우선 밖으로 드러나는 것으로 판단하기 때문이다. 물론 내면의 무게는 자신도 모르는 사이에 언행으로 표현된다.

　남에게 좋은 모습으로 오래 기억될 수 있는 사람은 행복한 사람일 것이다. 지금 자신의 표정을 거울로 한 번 보자. 자신이 보기에도 매력적인 모습인가? 그렇지 않다면 지금부터 연습해 보자. 가끔 사진을 찍어 보면 왠지 낯설고 표정이 마음에 들지 않을 때가 있었을 것이다. 계속 연습하다 보면 바른 자세, 밝은 표정이 나의 이미지가 될 수 있다. 표정도 평소의 습관이 나타나는 것으로, 얼굴은 심성의 변화를 표현하는 곳이다.

　밝은 표정을 짓는 습관은 자신의 이미지를 높이고 인격수양을 하는데 중요한 부분이 된다.

인사와 목소리에도 호감을 얻는 비결이 있다

　타인과의 만남 시 호감가는 비결은 먼저 밝은 표정의 미소띤 얼굴이다. 미소는 상대방에게 호감을 표현하는 가장 좋은 도구로 상대방의 마음을 열게 해 준다. 또 명랑하고 활기찬 인사는 자신과 상대방을 기분좋게 해 준다.

　얼굴은 '얼의 거울'의 준말이다. 미소가 있는 얼굴은 상대를 편안하게 하고 좋은 인간관계를 만든다. 또 호감이 가는 인상을 주게 되고 자신과 남을 즐겁게 해준다. 첫 번째 만났을 때 갖게 되는 인상을 첫인상이라고 한다. 3~5초 이내에 결정된다. 첫인상은 오랜 시간 머릿속에 남아있게 하고 그 사람을 판단하는데 중요한 역할을 한다. 좋지 못한 첫 인상으로 인해 자신을 표현할 기회조차 얻지 못하는 것처럼 불행한 일은 없다.

　얼굴에는 80여 개의 근육이 있다. 그중에서 웃을 때 사용하는 근육은 50개 정도라고 한다. 얼굴 표정에는 그 사람의 삶의 모습과 인격이 그대로 나타난다. 웃을 때는 눈과 입이 함께 웃어야 한다. 눈은 웃지 않고 입만 웃게 되면 표정이 자연스럽지 못하다. 이미지는 타고 나는 것이 아니라 만들어지는 것이다. 어느 장소에서나 의식적으로 해 보자. 처음에는 힘이 들겠지만, 지속되다 보면 나의 이미지가 되는 것이다. 그렇게 반복하면 습관이 되어 어느 장소에서나 호감가는 얼굴로 인상 좋다는 이야기를 들을 수 있게 된다.

이미지 메이킹에 대해 들어 보았을 것이다. 가장 멋진 나를 만들기 위해 이미지 메이킹을 해 보자. 표정이 밝고 생생한 사람에게는 호감을 느끼게 되고 신뢰가 생긴다. 거울을 보며 나에게 미소를 지어 보자. 내가 상대를 보며 웃게 되면 상대도 나를 보며 자연스럽게 웃어 줄 것이다.

인사를 할 때도 예절이 있다. 공수란 어른을 모시거나 의식 행사 때 두 손을 마주잡아 공손한 자세를 취하는 것을 말한다. 평상시 남자는 왼손이 위로, 여자는 오른손이 위로 가게 하고, 흉사 시에는 손의 위치가 바뀌는데 남자는 오른손이 위로, 여자는 왼손이 위로 간다. 인사하는 것을 보면 그 사람의 성품을 알 수 있다. 인사는 만남의 첫걸음이며 마음가짐의 외적표현이다. 인사는 내가 먼저 한다고 생각하면 된다.

인사는 상대방에게 존경심과 친절함을 나타내는 표현이다. 상대방이 느낄 수 있는 첫 번째 감동이며 인간관계가 시작되는 신호가 된다. 따라서 인사는 상대방을 위한다기보다는 자신을 위한 것이다. 우리나라 사람의 70% 이상은 고개만 까닥하는 인사를 한다. 그런데 이 경우는 윗사람이 아랫사람의 인사에 답례할 때나 적당한 것이다. 특히 성의 없이 말로만 하는 인사, 무표정한 인사 등은 상대방에게 불쾌감을 주게 된다.

세련된 몸가짐, 상대를 배려하는 마음, 격조 있는 말투는 품격을 느끼게 하고 호감을 갖게 한다. 예절바른 사람과 같이 있으면 기분이 좋아진다. 그것만으로도 호감과 신뢰감을 주기에 충분하지 않은가? 이는 돈으로도 살 수 없는 소중한 자산이 된다.

인사는 무조건 내가 먼저 하자. 누구나 예의 있는 사람을 선호하게 되는데 그런 사람은 인간관계가 원만하다. 그리고 명랑하고 활기찬 인사는 자신과 상대방을 기분좋게 해 준다. 인사말로는 상대방에게 진심어린 칭찬을 해 주는 것이 좋다. 나를 칭찬해 준 사람에게는 무조건 호감을 느끼게 되기 때문이다.

세상을 보는
마음의 창 프레임

생각하는 관점의 틀 프레임을 바꾸면 인생이 달라진다.

우리 세대의 가장 위대한 발견은 인간이 자신의 마음가짐을 바꿈으로써 삶을 바꿀 수 있다는 사실을 발견하는 것이다.

- 윌리엄 제임스

세상을 바라보는 관점이 중요하다. 사람들은 결과구조로 보는 마음의 창(사고 프레임)을 가진 사람과 비난구조를 가진 사람으로 구분된다. 비난구조의 마음의 창(사고 프레임)은 우리가 진정으로 원하는 결과를 얻기 위한 적극적 사고와 행동 대신 문제 속으로 빠지게 하고 방어적 사고에 집중하게 하여 긍정적 해결책을 찾기 어렵게 한다. '무엇이 잘못됐지? 언제부터 잘못된 거야? 누구 잘못이야? 왜 이 문제가 일어났지?'하며 계속 문제만 생각하게 된다. 비난구조의 마음의 창, 즉 비난구조 사고 프레임이 지배적인 사람은 실행력이 약하고 자기 주도적인 삶을 살아가기 어려워 성공 가능성이 낮다.

그러나 결과구조의 마음의 창(사고 프레임)은 목표달성을 위해 긍정적이고 주체적인 사고를 하며 적극적인 행동을 하도록 유도한다. 성취하고 싶은 것, 자신에게 소중한 것, 자신에게 직접적으로 관련된 구체적인 것들에 집중하게 한다. '무엇을 달성하길 원하지? 더 좋은 결과를 위해 뭘 하면 될까? 어떻게 하면 만족감이 커질 수 있지?'라며 생산적이고 가치지향적인 태도를 보인다.

결과구조 마음의 창, 즉 결과구조 사고 프레임은 성취하고 싶은 것에 집중하기 때문에 원하는 것을 확고하게 해 준다. 목표를 얻게 됨으로써 얻게 되는 궁극적 이익을 구체화시켜 표면화한다. 오감을 모두 사용해서 목표와 원하는 것들을 위해 자기 주도적인 태도로 생각하고 행동한다. 때문에 결과구조 사고 프레임이 지배적인 사람은 목표지향적 생각과 강한 실천력을 바탕으로 성공 가능성을 높여간다.

동일한 목표라도 성취하는 사람과 실패하는 사람의 차이는 사고 프레임 차이에서 비롯된다. 비난사고 프레임, 즉 실패 가능성이 높은 사고 프레임은 성취감을 맛보기보다는 실패할 때 망신당하거나 자존심이 상하지 않을까 하고 먼저 생각하고, 잘못된 원인은 타인에게 있고 실패할지 모른다는 두려움으로 회피하는 형태로 나타난다. 성공에 이르기 힘든 사고구조이다.

자기 개념이라는 것도 단 하나로 고정되어 있는 것이 아니고 프레임에 따라서 그때그때 달라진다. 개인을 지배하는 사고 프레임은 오랜 경험 등 사소한 요인들이 누적되어 결정된다. 자신의 사고 프레임을 변화한다면 감정, 사고, 행동까지 때와 상황에 적합하도록 통제할 수 있게 된다.

자기 주도적이며 긍정적인 사고 프레임으로 바꿔가자. 스스로 위대하다고 생각하는 사람은 그렇지 않은 사람에 비해 월등한 성과를 만들어 낸다. 표정, 몸짓, 자세 등 자신의 태도는 자신이 느끼고 생각하는 바를 말해 준다. 동일한 일이라도 그것을 어떻게 해석하고 어떤 의미를 부여하는가에 따라 다른 결과로 나타나기 때문이다.

미국 예일대학교 스턴버그(Robert J. Sternberg) 교수는 어리석음의 첫 번째 조건은 자기 중심성이라고 했다. 자기라는 프레임에 갇힌 우리는 자신의 의사 전달이 항상 정확하고 객관적이라고 믿고 있다. 자신이 정확하다고 믿는 것도 다른 사람의 프레임에서 보면 정반대로 여겨질 수도 있다는 점을 잊지 말라.

관점의 틀 바꾸기

관점 전환, 영어로는 리프레이밍(reframing), 말 그대로 프레임을 다시 짠다는 의미이다.

관점 바꾸기는 우리가 자기 자신과 특별한 방법으로 소통하는 것 즉, 내면과의 대화와 관련된 기법이라고 할 수 있다. 세상을 바라보는 의미는 우리가 지각하는 틀에 의해 결정되는데 세상을 바라보는 관점 틀을 바꾸면 받아들여지는 의미도 바뀌며 우리의 행동도 바뀐다. 틀 바꾸기는 경직된 관점으로 세상을 바라보는 사고를 바꾸고 자신을 긍정적으로 바라보고 유연한 사고를 하게 한다.

틀 바꾸기의 핵심은 긍정적으로 플러스 발상을 하는 것으로 유연성 있게 관점, 틀을 바꾸면 우리가 진정 무엇을 원하는지 더 잘 이해할 수 있게 된다.

일을 추진하는 과정에서 원치 않는 행동을 분리시키고, 긍정적 의도가 무엇인지 탐색하여 확인한 후, 마지막으로 그러한 긍정적 의도를 더 잘 충족시켜 줄 수 있는 보다 적절한 새로운 대안을 만들어 내는데 도움이 된다.

관점 바꾸기의 목적은 단순히 자신이 원치 않는 행동을 하지 않는데 그치는 것이 아니라, 내면에서 진정 바라는 것을 얻기 위해 구체적으로 어떤 행동을 해야 하는지를 생각하게 하고 그러한 행동을 함으로써 자신이 진짜 원하는 변화를 이끌어낼 수 있도록 하는데 있다.

미국의 사상가 에머슨(Ralph Waldo Emerson)은 '운명을 바꾸려면 자신의 생각부터 다스려야 한다'고 했다. 자신이 의식적으로 감정을 조절하지 못하고 끌려 다니게 되면 주변의 상황에 따라 내 감정이 달라지고 내 운명도 다른 사람에 의해 조정 당하게 된다. 내가 어떤 감정을 가지고 있느냐에 따라 똑같은 상황과 사건도 해석이 달라진다. 그 상황과 사건에 내가 어떻게 반응하고 해석하고 평가하느냐에 따라 결정짓는 행동도, 결과도 변하게 된다.

세상을 보는 관점
패러다임의 전환

사고의 틀은 경험의 한계나 제한을 설명하고 정의하는데 사용된다. 그 틀은 내적 표상에 근거하여 세상을 지각하고 여과하는 하나의 방법이다.

사고의 틀은 습관적 사고로 자신의 가치 신념에 따라 나이가 들면서 고착화된다. 자신만의 확고한 가치기준으로 고집한다면 새로운 경험을 하고 성장할 기회가 줄어들게 된다. 각자가 원하는 최고의 삶을 살기 위해 신념에 의해 굳어진 고정관념도 걸림돌이 된다.

제한된 신념을 갖게 하는 고정관념을 없애고 세상을 다른 각도로 보는 관점 패러다임의 전환이 필요하다. 예를 들어 어려서부터 많은 실패를 통해 절망감을 맛보게 되면 성공할 수 없다는 고정관념이 형성된다. 이처럼 고정관념은 각자가 발달시킨 틀에 자신을 제한하고 원하는 것을 갖지 못하게 한다. 사고의 틀 바꾸기는 고정관념과 같은 경직된 사고에서 자유롭게 하여 유연한 선택을 할 수 있게 하는 도구이다.

　사고에 의해 의미를 만들어 내기 때문에 사고에 가치를 부여하는 틀을 다른 틀로 바꾸는 것이다. 우리 자신을 묶어서 원하는 것을 갖지 못하게 하는 틀, 그 지각의 틀을 바꾸면 사건을 바라보는 의미도 바뀌며 우리가 느끼고 행동하는 반응도 달라진다.

　관점의 패러다임을 새롭게 바꾸고 하루 한 가지씩이라도 개선하고 변화시킨다면 커다란 성과를 이룰 수 있고, 궁극적으로 자신이 원한다면 거의 모든 것을 변화시킬 수 있게 되는 것이다.

같은 현실이라도 마음먹기에 따라 다르게 보이는 것

'새옹지마'라는 말도 틀 바꾸기의 예이다.

인간만사새옹지마(人間萬事塞翁之馬) 또는 간단히 새옹마(塞翁馬)라고도 한다. 새옹이란 새상(塞上 : 북쪽 국경)에 사는 늙은이란 뜻이다. 《회남자(淮南子)》의 인간훈(人間訓)에 나오는 이야기로, 북방 국경 근처에 점을 잘 치는 늙은이가 살고 있었는데 하루는 그가 기르던 말이 아무런 까닭도 없이 도망쳐 오랑캐들이 사는 국경 너머로 가 버렸다. 마을 사람들이 위로하고 동정하자 늙은이는 '이것이 또 무슨 복이 되는지 알겠소'하고 조금도 낙심하지 않았다. 몇 달 후 뜻밖에도 도망갔던 말이 오랑캐의 좋은 말을 한 필 끌고 돌아오자 마을 사람들이 이것을 축하하였다. 그러자 그 늙은이는 '그것이 또 무슨 화가 되는지 알겠소'하고 조금도 기뻐하지 않았다.

그런데 집에 좋은 말이 생기자 전부터 말 타기를 좋아하던 늙은이의 아들이 그 말을 타고 달리다가 말에서 떨어져 다리가 부러졌다.

마을 사람들이 아들이 불구가 된 것에 대해 위로하자 늙은이는 '그것이 혹시 복이 될는지 누가 알겠소'하고 태연한 표정이었다. 1년이 지난 후 오랑캐들이 대거 쳐들어왔다. 장정들이 활을 들고 싸움터에 나가 모두 전사하였는데 늙은이의 아들만은 다리가 불구여서 부자가 모두 무사할 수 있었다.

또 한 예를 든다면 전철 속에서 아이들이 뛰어놀고 있다고 하자. 아빠로 보이는 남자는 소란스럽게 뛰어다니는 아이들을 그저 바라보고만 있다. 이미 전철 승객들은 짜증이 나 있고 그중 어떤 사람이 소리치며 아이들에게 주의를 주라고 말하자 그 남자는 이렇게 말한다. '죄송합니다. 아내의 장례식에 다녀오는 길인데 아이들이 아직도 엄마가 죽은걸 모르고 저렇게 웃고 떠드네요.' 그러자 짜증과 원망의 마음은 사라지고 측은지심이 생겨 아이들이 옆에 오면 피하던 분들도 머리를 쓰다듬어 주기도 하고 안쓰러운 표정으로 바라보게 되었다.

이처럼 상황은 그대로이고 바라보는 관점의 프레임만 달라졌을 뿐인데 반응과 결과는 정반대로 나타날 수도 있는 것이다.

긍정적인 관점의 틀로 바꾸면 사건, 행동, 경험, 생각도 따라 변한다.

틀을 바꾸면 의미가 변하고 의미가 바뀌면 생각과 행동도 바뀌면서 플러스 사고를 하게 된다. '제대로 되는 일이 없어, 왜 하필이면 나는 이렇게 시련이 많은 거야, 한번도 나는 성공한 적이 없네, 난 매일이 우울한 삶이야, 내 주변에 나를 도와주는 사람이 없어' 그렇게 본인에게 말하면 절망적인 답으로 돌아올 것이다. 나에게 절망적인 상상을 하지 말고 틀을 바꿔 보자.

　내가 할 수 없고 실패한 것에 집중하기보다는 내가 가지고 있는 것, 내가 잘할 수 있는 것에 집중한다. 만약 실패를 했더라도 '난 되는 일이 없어'가 아니고 이 일에서 얻을 것은? 이것을 또 다른 기회로 활용할 수 있을까?'라고 생각하면 좌절감이 용기로 바뀔 수도 있다. '난 건강하잖아. 난 사교성도 좋아. 난 성실해. 어떻게 할 때 행복할까? 주변 사람과 좋은 관계를 유지하고 사랑을 느끼며 사는 방법은 뭘까?'와 같은 긍정적인 가치중심으로 틀을 바꾸어 보자.

　생각의 초점을 '내가 할 수 없다'에 두면 우리 뇌는 부정적이고 절망스러운 것에 집중하여 무력해진다. 긍정적으로 말하고 긍정적으로 행동하는 것도 훈련으로 가능해진다. 힘이 들 때 슬픈 노래를 듣거나 슬픈 생각을 하게 되면 나보다 불행한 사람은 없다는 생각도 든다. 반대로 힘든 가운데 행복한 기억을 떠올리면 편안한 마음과 함께 행복한 표정을 갖게 되고, 다시 몸과 마음을 가다듬어 원하는 상태로 될 것이다. 긍정적인 사고방식을 가진 사람은 목표를 수립하고 달성하는 과정에서도 장애요소에 부딪치면 극복할 수 있다는 진취적 행동으로 목표를 달성할 확률이 높다.

　자신에게 기뻤었고, 감사하고, 행복했던 것에 습관적으로 집중해 보자. 잠시 눈을 감고 오늘 나에게 행복했던 일과 감사했던 일을 생각해 보자. 매일 나에게 질문하면서 생각해 보면 흥분이 되고 삶에 활력소가 될 것이다. 즐거움으로 감사하는 마음과 사랑하는 감정이 생기고 입가에 미소가 지어질 것이다.

때론 강의 중에 그런 시도를 해보자고 하면 자신에게 행복한 일은 없었다며 난감해 하는 사람들도 있는데, 의도적으로 느껴 보고 찾아 보자. 오늘이 아니라 과거의 기억이라도 좋다. 행복하고 감사한 일과 기억을 찾아 생각을 집중하는 습관의 힘은 생각보다 크다. 현재의 불만도, 기분이 나쁜 생각도, 자신의 감정상태에 따라 해석이 달라질 수 있는 것이다. 주위를 둘러보고 혹 어떤 사람이 별 대단한 일도 아닌데 감탄하고 감사해하고 있다면, '아니 그깟 일로 감사해'라고 하지 말고 자신도 사소한 일에 감사함을 느껴 보자.

제한신념에 묶인 마이너스 사고의 틀도 내적 표상에 근거해 지각, 여과를 거쳐 신념에서 나오는 습관적, 자동적 사고이다. 같은 사건과 현상이라도 우리가 지각하는 틀에 따라 다른 결과로 나타난다. 생각의 틀을 바꾸면 의미도 바뀌며 우리의 반응도 바뀌어 행동도 달라지기 때문이다. 사고의 틀 바꾸기의 핵심은 플러스 발상을 하는 것으로 유연성 있게 틀을 바꾸면 의미가 변하고 반응과 행동이 변화한다. 의식에 대한 틀 바꾸기와 상황에 대한 틀 바꾸기로, 즉 세상을 바라보는 관점이 변하면 자기 중심적 사고, 경직된 사고에서 벗어나 선택의 폭이 넓어진다. 세상을 바라보는 나의 창을 점검하고 리프레이밍하자.

관점의 틀 바꾸기의 주된 목적은 우리가 진정 원하는 바를 이루고자 함이다. 즉, 잠재의식 내지는 무의식의 차원에 있는 자신의 의도를 충족시켜 줄 수 있는 행동으로 변화시키는데 있다. 새로운 관점의 틀을 만드는 기술은 생각보다 쉽게 배울 수 있으며 작은 노력으로도 빠르게 적용할 수 있다.

성과중심의
성공 프레임으로 바꾸기

성과중심 프레임은 미래지향적이고 가지고 있는 능력과 자원에 초점을 두기 때문에 미래에 대해 희망적이고 해낼 수 있다는 자신감을 갖게 한다.

반면 문제중심 프레임은 왜 우리가 원하는 것을 가지고 있지 못하는지 그 이유와 설명만을 요구하고 남 탓, 궁색한 자기 변명, 끊임없는 자기 질책 그리고 스스로를 정당화하는데만 급급하게 만든다. 문제중심의 프레임과 성과중심의 프레임은 생각하는 방식부터가 다르다.

문제중심 프레임
무엇이 문제인가?
내가 이 문제를 갖게 된 것은 누구의 잘못인가?

성과중심 프레임

내가 원하는 것은 무엇인가?

그것을 언제 성취하기를 원하는가?

그것을 성취했다면 내 삶에 무엇이 도움이 되는가?

나는 그것을 성취하는데 도움이 되는 어떤 자원을 가지고 있는가?

어떻게 하면 내가 지닌 자원을 가장 잘 활용할 수 있는가?

내가 그것을 성취하려면 지금 당장 무엇을 시작할 것인가?

특히 제한적 신념에 사로잡힌 사람은 '왜'라는 요인에 집착하여 실패 원인과 문제점에 주목하는 비난구조로 빠지게 된다. 그래서 우리가 진정으로 원하는 결과를 생각할 수 없게 하며, 문제 속으로 빠지게 하고 자기 방어적으로 만들며 결국은 문제해결을 어렵게 한다.

매사 사건을 대할 때마다 '무엇이 잘못되었지? 언제부터 잘못된 거야? 누구 잘못이야? 언제부터 일어났어? 이 문제는 나에게 무엇을 못하게 하는가? 이 일의 최악의 경우는 무엇이지?' 등 자신이 원하는 결과에 대해 이야기하기보다는 비난하고 회피하는 실패 프레임으로 접근한다.

매사 비난하고 회피하는 비난구조의 사고 결과는 타인은 물론 자신의 감정을 상하게 하고 의욕을 상실하게 하며, 난관이 오면 극복하지 못하고 모험을 못하게 하며 두려움과 불안을 유발한다.

비난구조가 지배적인 이는 옆에서 지켜보는 사람들을 안타깝게 하지만 정작 본인은 인식하지 못하는 경우가 많다. 문제란 기회의 다른 측면이다. 문제의 해결책을 찾느냐 그 문제에 압도되어 버리느냐 하는 것은 프레임의 차이에서 비롯되는 것이다.

성과중심의 프레임은 끈기를 가지고 학습하고 연구하고 사고하면 보이지 않던 잠재력이 개발되고 불가능을 가능하게 한다. 불가능할 것 같은 일이라도 용기를 가지고 일단 시작하게 되면 자신감과 에너지가 생기고 스트레스가 감소된다. 자신의 지성, 직관, 경험은 스스로 생각하는 것보다 더 많은 답을 알고 있다.

성과중심의 성공 프레임은 긍정적으로 원하는 것을 확인하고 올바른 결정과 선택을 하도록 유도한다. 성취하고 싶은 것, 자신에게 중요한 것, 자신이 가지고 있는 것 등 자신과 밀접하고 구체적인 것들에 집중하게 된다. '당장 시작하자. 해 보고 판단하자. 최선을 다하자. 벌써 많이 했네. 내가 무엇을 달성하기를 원하지? 저 사람이 저런 행동을 하는 긍정적인 의도는 무엇이지? 무슨 목표가 있지? 어떻게 하면 만족을 줄 수 있지?'라고 생각하고 진취적인 태도로 살아가면 주변 사람들에게 인식도 좋아지게 되고 어려운 일도 도와주려는 사람이 생기게 된다. 강의 중에도 성과중심의 성과 프레임으로 적극적으로 임하는 분들이 많은 경우 강의를 하는 필자에게도 긍정적 에너지가 느껴져 재미있게 교감을 나누며 서로가 만족한 시간을 갖게 된다.

내가 가지고 있는 제한적 신념들

　자기라는 프레임에 갇힌 우리는 자신의 의사 전달이 항상 정확하고 객관적이라고 믿는다. 자기 개념이라는 것도 단 하나로 고정되어 있는 것이 아니고 프레임에 따라서 그때그때 달라진다. 그 프레임은 사소한 요인에 의해서 결정된다. 잠재의식 차원에서의 신념은 우리가 세상을 해석하는 지각의 필터(perceptual filters)로 작용하게 되는데, 우리에게 형성된 신념은 긍정적 신념, 제한적 신념으로 나타나게 된다. 그 가운데 제한적 신념은 우리가 일을 추진하는데 있어 망설임과 두려움을 주게 되고, 뜻하지 않은 실패를 자초하게 만든다.

　중요한 것은 우리에게 일어나는 사건들을 제한적 신념이 아닌 긍정적 신념의 프레임으로 마주 한다면 우리는 행복하게 살 수 있다는 것이다. 자신에게 최상의 축복을 줄 수 있는 사람은 자신이다.

　제한적 신념은 자신의 에너지를 헛되이 소진시켜 자신의 진정한 욕구를 알아차리지 못하게 한다. 신념은 나를 행동하게 하고 판단하게 한다. 삶의 모든 경험이 신념의 결과임을 인지한다면 우리는 신념을 전환해 다른 선택을 함으로써 다른 경험을 창조할 수 있다.

'내가 뭘 하겠어? 되는 일도 없어' 그렇게 하는 말이 씨가 된다.

우리가 어떤 신념을 가졌느냐에 따라서 삶은 결정적인 영향을 받는다. 신념은 가치나 태도처럼 과거의 경험에서 학습되어 습관화한 것으로 잠재의식이나 무의식에 저장되어 있어 우리의 일상적인 생각과 감정, 행동을 지배하게 된다.

지나온 삶의 발자취를 되돌아보고, 현재까지 우리의 내면에 자리 잡고 있는 제한적 신념이나 부정적인 정서에서 벗어나 자기 인식을 새롭게 하여 삶의 변화를 모색하여야 한다.

우리는 각자 비전을 가지고 성장과 행복을 꿈꾸어 왔다. 그러나 많은 좌절을 겪으면서 자신의 삶을 새롭게 개척해 나가려는 의지도 잃게 되고 제한적 신념을 가지게 되었다. 계획했던 일을 실패해서 자신이 무능하다는 신념을 갖게 되었다면 새로운 일을 할 때마다 '또 실패할 텐데 끝까지 하지도 못할 텐데'라고 생각을 하게 된다.

자신은 실패자라고 생각하는 파괴적인 마음자세를 심리학에서는 학습된 무능이라고 한다.

긍정심리학자 마틴 셀리그만 박사는 그의 저서 《학습된 낙관주의》에서 영속성, 파급효과, 개인화 등으로 모든 생활을 파괴할 수 있는 믿음 유형에 대해 이야기 했다.

제한신념을 가진 사람은 작은 실패를 경험했어도 그 경험이 영원히 지속된다고 생각한다. 이는 영속성 믿음 유형이다. 다음으로 파급 효과 믿음 유형은 한 분야에서 실패를 경험하면 그러기 때문에 나는 저 일도 못하고 그래서 경제적으로 힘들다고 생각한다. 개인화는 문제를 개인적으로 받아들이는 것인데, 자신을 학대하게 된다.

이렇게 계속된 신념으로 생활하다 보면 자신의 관점이 옳다는 확신을 하게 되고, 마음은 점점 황폐해지며, 새로운 정보는 신뢰하지 못하고 저항한다.

우리의 주변에는 제한신념으로 가득한 사람이 있다. '제대로 되는 일이 하나도 없어. 내 인생은 왜 이 꼴인가? 너는 그것도 못해. 현실적으로 그건 불가능한 일이야. 당신은 짜증나는 사람이야' 등의 부정적인 말이 일상적인 사람들이다. 여기서 벗어나야 한다. 그런데 그들은 자신이 제한적 신념으로 사건을 마주한다는 것을 인식하지 못하고 인정하려 하지도 않는다. 제한적 신념 대신 긍정적 의도나 목적을 실현하는데 중요한 대안이 되는 질문에 대한 답을 피한다.

제한적 신념을 변화시키는 과정은 왜 그렇게 생각하는지 기저에 깔린 긍정적 의도를 파악하고 인정하는 것부터가 시작된다. 제한적 신념의 기반이 되는 무의식적 가정과 억측을 파악하는 것이 중요하다. 예를 들어 만약 당신이 제한된 믿음중에 '나는 이름들을 기억하지 못해'라는 것을 가지고 있다면 지금부터 당신은 '나는 이름들을 잘 기억해'라고 믿고 잘 기억할 수 있도록 방법을 찾고 연습하는 것이 중요하다.

제한적 신념의 예

'내가 무엇을 하건, 혹은 아무리 노력한다고 해도 결과는 항상 신통치 않아.'

'내가 하는 결정은 언제나 잘못되는 경우가 많아.'

'사람들은 나를 좋아하지 않을 거야.'

'나는 어떤 새로운 시도나 위험한 일을 해서는 안 돼.'

'나는 사람들이 나를 도와주리라고 믿을 수가 없어.'

'나의 의견은 정말 중요치 않아.'

'내가 하는 일은 정말 아무것도 아니야.'

'나는 사람들이 제대로 일을 할 것이라고 믿을 수 없기 때문에, 남들에게 도움을 청하는 것은 안전치 않아.'

'지금은 때가 아니야.'

'새로운 것을 배우기에는 너무 늦었어.'

'나는 너무 늙었어.'

'나는 너무 어려.'

이상의 말들은 제한적 신념을 가진 경우 나타나는 예이다.

제한적 신념의 유형은 자신의 미래상인 비전을 수립할 때도 목표가 실현 불가능하다. 자신의 무능으로 이룰 수가 없고, 목표를 얻을 자격이 없다. 제한적 신념에 사로잡혀 부정적인 생각으로 자신과 남을 힘들게 하며 살아간다면 하루빨리 변해야 한다.

유명한 저자이자 자기계발전문가인 앤서니 로빈스는 '당신은 운명을 만드는 결정을 하는 순간에 놓여 있습니다. 결정하는 중요한 순간들 중 하나는 당신이 부정적인 믿음을 믿지 않기로 결정한 때이고 그리고 나서 당신이 똑같이 하도록 도와주는 때입니다. 당신이 할 수 있기를 원하는 것을 매우 잘한다고 생각하는 사람을 생각해 보십시오. 지금 그 사람을 모델로 생각 하십시오. 거울 앞에 서 있고 그들의 몸짓, 말투, 웃음, 숨 쉬는 것, 움직임 그리고 당신이 생각할 수 있는 그 이상적인 모델의 모든 것을 모방 하십시오'라고 했다.

원하는 것을 위한 변화의 시작
셀프 리더십

미국 심리학자인 윌리엄 밀러(William Miller)의 자신의 '변화 동기 강화이론'에서 변화모델을 이렇게 설명하고 있다. 변화가 필요한 상황이 생겨도 두 가지 감정이 서로 대립되는 양가 감정(ambivalence)을 느끼게 되어 변화하고 싶은 마음과 변화하고 싶지 않은 마음, 두 가지 마음사이에서 갈등하게 되고 결국 기우는 마음 쪽으로 행동한다는 것이다.

우리는 사건을 지각하고 자신에게 질문을 한다. '이 일을 할까? 말까?' 그 답의 행동들이 나의 인생이 되는 것이다. '일찍 일어날까? 아님 더 잘까? 운동을 할까? 말까? 공부를 할까? 말까?'하며 이렇게 자신에게 습관적으로 질문하고 답을 하며 행동을 한다.

이처럼 습관 변화의 시작은 자신의 양가 감정을 탐색하고 자신이 원하는 목표방향성으로 행동을 변화하는 것이다.

자신이 변화하고 싶은 마음이 있어야 준비를 하고 실행하고 유지할 수 있게 된다.

변화의 필요나 욕구가 전혀 없다면 변할 수 없다. 자신의 비전을 생각하며 변하고 싶은 동기를 강화하고, 행동하고, 실현하기 위해선 무엇보다 자신의 태도가 중요하다.

주변에서 행동변화를 요구해도 자신이 변하고 싶은 의도가 없으면 변하지 않는다.

자신이 변해야 하는 이유도 모르겠고, 자신은 변할 수 없다고 생각하는 마음에는 자기 효능감(self-efficacy)도 영향을 준다. 인지이론가 반두라(Albert Bandura)는 자기 효능감에 대해 '성공적 문제해결을 위해 필요한 심리적 변인이다'라고 주장했다. 우리는 대개 잘할 수 있다고 생각할 때 행동으로 옮긴다. 자기 효능감은 인간의 사고 동기 행위를 관장하는 핵심적 역할을 한다. 자신의 성공과 실패 경험, 타인의 성공과 실패를 보는 대리 경험, 주변에서 말하는 평가 즉 역할수행에 대한 피드백은 정서 상태에 중요하게 작용한다.

많은 실패경험이 있으면 '나는 해봐도 안될 거야'라고 생각하고 미리 포기하고 도전도 하지 않지만 성공경험이 많은 사람은 '일단 해보자'라고 마음을 먹고 행동하는 것이다.

목표를 설정하고 변화 동기를 갖게 하여 행동하게 하는 주요 요인 중 하나가 높은 자기 효능감이다. 자신은 실패자라고 생각하는 파괴적인 마음자세를 일컬어 학습된 무능이라고 한다.

학습된 무능은 행동변화의 최대 장애가 된다. 무력감은 자신의 인생을 바꾸거나 행동을 가로막는다. 우리는 자신을 통제할 수 있다. 자신의 결정에 따라 외부환경에 영향을 주는 행동을 한다. 자신이 스스로 인생을 만드는 프로그래머이기에 원하는 프로그램 습관을 만들 수 있다.

변화는 주관적 경험(상황이나 환경에 대한 개인적 생각)이나 생각을 벗어남으로써 가능해진다. 생각은 주관적 경험으로 오감을 통해 부호화되어 행동 즉 표정, 목소리, 느낌, 자세 등의 신경 생리적인 반응으로 나오게 되고, 다시 개인이 갖고 있는 습관에 의해 프로그램화된다. 모든 변화는 환경이나 상황에 대한 생각의 변화를 통하여 시작되는 것이다.

자기 효능감이 없으면 새로운 일을 시도도 하지 않고 자신의 삶에서 불만스러운 부분을 변화하려 하지 않는다. 자기 효능감이 높은 사람은 매사에 '나는 할 수 있다. 나의 능력은 뛰어나다'와 같은 말을 한다. 자신의 행동은 성공하리라 기대하고 행동하게 된다.

낮은 자기 효능감을 가진 사람은 문제 해결을 위한 변화에 대하여 이야기하면, 문제의 원인을 주변상황과 다른 사람에게 돌리며 자신은 문제가 없다고 생각하고 무조건 불쾌하게 생각하고 거부한다.

그러나 당면한 문제를 해결하고 발전시켜 가려면 변하려고 노력해야 한다. 변화는 점진적으로 나타난다. 점차적으로 자신의 문제를 인식하고 생각해 보기 시작하는데, 그렇다고 바로 행동하는 것은 아니고 목표를 향해 행동하고 싶은 마음과 변화하지 않겠다는 마음 사이에서 갈등하게 된다. 갈등을 겪은 후 변화하기로 마음먹었다면 구체적으로 원하는 목표를 수립하고 행동변화를 시작하게 된다. 이때 매일 습관 관리표를 적게 되면 자신의 행동변화를 알게 되고 변화를 지속적으로 하기 위해 노력하고 유지하는 데 도움이 된다.

   그러나 변화를 통해 목표를 달성했지만 지속적인 동기 부여가 없으면 달성한 목표가 지속적으로 유지되기 힘들다. 목표(goal)를 설정하게 되면 목표를 위한 행동을 실행해야 하는데 심리적인 갈등 그리고 현실적으로 행동을 추진하지 못하는 현실적인 상황들을 맞이 하게 된다. 이때 처해진 현실에서 할 수 있는 여러 가지 대안들을 생각해야 한다. 목표달성을 위해 자신이 계획한 행동을 강력하게 실행하고 변화된 발전적 결과를 계속 유지하기 위해 필요한 가장 효과적인 일이 바로 셀프 리더십을 발휘하는 것이다.

교육학자 헨드릭스(Howard G. Hendricks)
인간의 변화 4단계

의식하지 못하는 무능력 단계(무의식적 무능)
무엇을 하고 싶은지 정해지지 않았고 자신의 능력도 모르는 상태. 새로운 것을 처음 접하는 시기로 자신이 그 분야에 대해 무능하다는 사실을 자각하지 못한다.

의식하는 무능력 단계(의식적 무능)
무엇인가 하고 싶은 것은 정했지만 아직 능력이 발휘되지 못하는 상태. 새로운 것을 배움에 따라 자신의 서툰 부분을 깨닫게 된다.

의식하는 능력 단계(의식적 능력)
하고 싶은 것을 정하고 학습을 통해 의식하면서 사용하는 상태. 변화하고자 하는 노력에 따라 실력이 향상되고 있다는 사실을 자각하게 된다.

의식하지 않는 능력 단계(무의식적 능력)
배운 것이 몸에 익어 무의식적으로 자연스럽게 사용하는 상태. 새로운 역량을 완전히 체득하여 의식적인 노력 없이도 역량을 발휘할 수 있게 된다.

원하는 것을 위한 변화의 시작, 셀프 리더십

변화를 수용하는 유연성이 필요하다
긍정적인 생각과 말이 원하는 삶을 만든다
긍정적 기대는 자신에 대한 신뢰가 필요하다
습관이 쌓이면 그것이 인생이 된다
좋은 결과를 그려 보는 것도 습관이다
인사와 목소리에도 호감을 얻는 비결이 있다
같은 현실이라도 마음먹기에 따라 다르게 보인다

부록

셀프 리더십 코칭 활용하기

이루고 싶은 것 10가지(예)

구분	내 용
1	즐거운 마음 갖기(건강)
2	행복한 가정
3	성공한 사업가
4	3개 국어에 능통한 실력
5	장학제단 설립
6	베스트셀러 출판
7	세계여행(30개국)
8	교육센터 설립
9	다양한 인적 네트워크
10	글로벌 리더

정말 갖고 싶은 것 10가지

구분	내용
1	
2	
3	
4	
5	
6	
7	
8	
9	
10	

정말 이루고 싶은 것 10가지

구분	내 용
1	
2	
3	
4	
5	
6	
7	
8	
9	
10	

작성일 : 년 월 일

하고 싶은 일

가보고 싶은 곳

갖고 싶은 것

되고 싶은 모습

나누어주고 싶은 것

나_____의 비전(Vision)

영역	비전
신체, 건강	
지성, 교육	
가족, 가정	
정신, 윤리	
사회, 문화	
재정, 직업	

나_____의 비전(Vision)

	신체, 건강	정신, 윤리	가족, 관계	지성, 취미	사회, 문화	재정, 직업
장기						
중기						
단기						

2016년 나의 모습

어디에 있는가? 무엇을 하고 있는가?
누구와 함께 있는가? 그 사람과 무슨 이야기를 하고 있는가?

나를 존재하게 하는 핵심 가치

1. _____
2. _____
3. _____
4. _____
5. _____
6. _____
7. _____
8. _____
9. _____
10. _____

핵심 가치와 구체적인 실행계획

핵심 가치	구체적인 실행계획

삶의 균형 진단

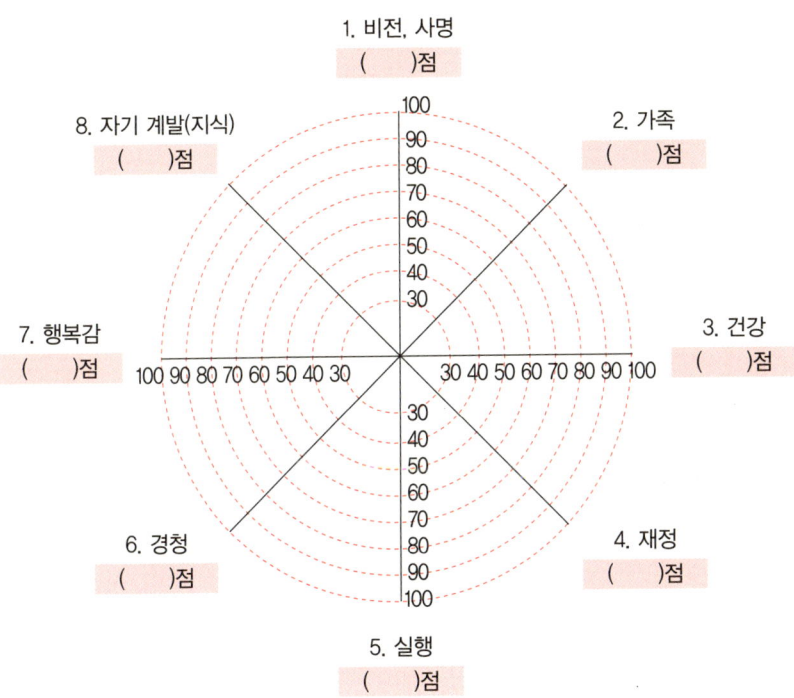

내 삶의 Balance Wheel을 점검한 후

1. 결과를 보고 드는 생각은 무엇인가?

2. 결과를 통해 느낀 점이 있다면 무엇인가?

3. 결과를 보고 변화가 필요하다고 생각되는 부분은 무엇인가?

PI(Personal Identity) 정립하기

변화

mission / spirituality	삶의 목적
identity 나는 누구이며, 나 자신을 어떻게 보는가?	나는 누구인가?
beliefs / values 나는 왜 이 일을 하는가?	자신이 소중히 여기는 것, 옳다고 믿고 있는 것
capability 나는 과업을 어떻게 할 수 있는가?	가능성과 기술, 방법, 전략
behaviour 나는 무엇을 해야 하는가?	구체적 활동, 행동
environment 나는 어디서, 언제 이 일을 하고 있는가?	주변적 요소-환경 (기회, 제약)

PI(Personal Identity) 정립하기

셀프 코칭 목표설정

목표달성일 :

목표(구체적, 측정 가능한, 달성 가능한, 현실적인, 시기적절한)	

예상장애물	가능한 해결 방법

목표를 달성하기 위한 구체적인 행동계획	목표일

이 목표를 위한 다짐

목표설정은 자기 동기 부여와 성공의 성취에 있어서 핵심적인 요소이다. 목표란 어떤 구체적인 노력을 기울여 나아가고자 하는 그 마지막 지점이다.

목표설정

단기목표(1년)	중기목표(1~3년)	장기목표(3년 이상)

오늘 내가 해야 할 일

날짜 : . . . .

우선순위	내용	실행여부
1		
2		
3		
4		
5		

습관 점검표

1. 원하기 때문에 이미 가지고 있는 것(잘하고 있는 것들)
2. 원하지만 아직 갖지 못한 것(잘하고 싶은 것들)
3. 원하지 않는데도 갖고 있는 것(고치고 싶은 것들)

잘하고 있는 것들

잘하고 싶은 것들

고치고 싶은 것들

성공 습관 만들기

1.
2.
3.

> 우리들이 마음속에 그린 꿈을 생생하게 상상하고 간절히 바라며 깊이 믿고 열의를 다해 행동하면 그것이 무슨 일이든 반드시 현실로 이루어진다.
> – 폴 마이어

	1	2	3	4	5	6	7	8	9	10	11	12	13	14	15
1															
2															
3															

	16	17	18	19	20	21	22	23	24	25	26	27	28	29	30
1															
2															
3															

셀프 리더십 코칭

목표(goal)	
현실(reality)	
대안(option)	
선택(choice)	
행동(action)	

셀프 리더십 코칭

목표(goal)	
현실(reality)	
대안(option)	
선택(choice)	
행동(action)	

셀프 리더십 코칭전문가 3급, 2급, 1급
(self leadership coaching master)

민간자격 등록증 제 2015-002692 호

등록 자격 관리자 - 모티베이션 코칭(http://www.motivationcoaching.co.kr)

> 셀프리더십을 **바탕으로 내면의 정서상태를 통찰하고 관리함으로써 타인과의 관계형성을 원활하게 하고,**
> 그것을 통하여 자신의 역량을 키우고 능력을 발휘하여 스스로 삶의 비전을 만들고 실천할 수 있도록 효과적인 코칭을 할 수 있는 전문가 양성 과정이다.

1) 교육 대상 : 셀프 리더십 코칭 전문가가 되고자 하는 사람
2) 활용 분야 : 코칭, 상담, 자기계발, 교육
(셀프 리더십 코칭, 커뮤니케이션 코칭, 스트레스 코칭, 부모교육 코칭, 진로 코칭)

≪자격정보≫

1) 셀프 리더십 코칭 전문가 3급
  셀프 리더십을 바탕으로 자신 내면의 정서 상태를 통찰하고 관리함으로써 타인과의 관계형성을 원활하게 하고, 그것을 통하여 자신의 역량을 키우고 능력을 발휘하여 스스로의 삶의 비전을 세우고 실천할 수 있도록 효과적인 코칭을 할 수 있는 수준

2) 셀프 리더십 코칭 전문가 2급
  셀프 리더십의 심화 기법을 자신은 물론 타인에게 활용하고, 개인과 조직의 성공적인 삶을 위하여 현장에서 전문적으로 활용할 수 있는 수준

3) 셀프 리더십 코칭 전문가 1급
  (단, 2급 양성자격 조건은 5회의 수퍼비전을 필한 자로 한다.)
  강사(trainer) 과정으로 3급 및 2급의 양성 교육을 할 수 있는 수준

■ 참고문헌

강경희외 지음. 《셀프 코칭》. 휘슬러. 2003.
그레그 S. 레이드 지음. 안진환 옮김. 《10년 후》. 해바라기. 2004.
김교헌외 2인 공역. 《성격심리학》. 학지사. 2005.
로버트 B. 디너 지음. 우문식·윤상운 옮김. 《긍정심리학 코칭 기술》. 물푸레. 2011.
마틴 셀리그만 지음. 김인자 옮김. 《긍정 심리학》. 물푸레. 2006.
모치즈키 도시타카 지음. 은영미·김재연 옮김. 《보물지도》. 나라원. 2004.
미샬 룩 지음. 서천석 옮김. 《코칭의 기술》. 지식공작소. 2003.
박진희 지음. 《성공을 코칭하라》. 건강다이제스트사. 2007.
송관재외 3인 공저. 《대인관계의 심리》. 학문사. 2002.
스티븐 코비 지음. 김경섭 옮김. 《성공하는 사람들의 7가지 습관》. 김영사. 2003.
신명희외 3인 공저. 《교육심리학의 이해》. 학지사. 1998.
앤서니 라빈스 지음. 이우성 옮김. 《네 안에 잠든 거인을 깨워라》. 씨앗을 뿌리는 사람. 2003.
에노모토 히데타케 지음. 황소연 옮김. 《코칭의 기술》. 새로운 제안. 2003.
이희경 지음. 《코칭 입문》. 교보문고. 2005.
정옥분 지음. 《발달심리학》. 학지사. 2004.
최인철 지음. 《프레임》. 21세기 북스. 2007.
패트릭 윌리엄스. 데보라 데이비스 지음. 조윤정 옮김. 《라이프 코치가 되는 법》. 아시아코치
    센터. 2008.
하워드 헨드릭스 지음. 정명신 옮김. 《삶을 변화시키는 가르침》. 생명의 말씀사. 2002.
Curly Martin. 《Life Coaching handbook》. Crown House. 2005.
Ho Law. Sara Ireland. Zulfi Hussain 지음. 탁진국·이희경·김은정 옮김. 《코칭심리》. 학지사.
    2010.
Matthew Budd and Larry Rothstein 지음. 이상원 옮김. 《말하는대로 이루어진다》. 청림출판.
    2001.
Richard Bandler 지음. 이한 옮김. 《꿈의 실현 20분》. 아시아 코치센터. 2009.
Robert Dilts. 《Changing Belief Systems with NLP》. Meta publication. Capitola. Ca. 1990.
William R. Miller. Stephen Rollnick 지음. 신성만·권정옥·이상훈 옮김 《동기 강화 상담》. 시
    그마프레스. 2006.
Connirae Andreas. 《Change Your Mind,and Keep the Chang》. Real People Press. 1987.
Napoleon Hill. Think and Grow Rich. Wilshire Book Company. Ca. 1999.
Robert Dilts and Deborah Bacon Dilts. Identity Coaching(세미나 교재)
Vision-Meister Academy. NLP Trainer Certification Course(매뉴얼)

가림출판사 · 가림 M & B · 가림 Let's에서 나온 책들

문 학

바늘구멍
켄 폴리트 지음 | 홍영의 옮김
신국판 | 342쪽 | 5,300원

레베카의 열쇠
켄 폴리트 지음 | 손연숙 옮김
신국판 | 492쪽 | 6,800원

암병선
니시무라 쥬코 지음 | 홍영의 옮김
신국판 | 300쪽 | 4,800원

첫키스는 얘기 말해도 될까
김정미 외 7명 지음 | 신국판 | 228쪽 | 4,000원

사미인곡 上·中·下
김충호 지음 | 신국판 | 각 권 5,000원

이내의 끝자리
박수완스님 지음 | 국판변형 | 132쪽 | 3,000원

너는 왜 나에게 다가서야 했는지
김충호 지음 | 국판변형 | 124쪽 | 3,000원

세계의 명언
편집부 엮음 | 신국판 | 322쪽 | 5,000원

여자가 알아야 할 101가지 지혜
제인 아서 엮음 | 지창국 옮김
4×6판 | 132쪽 | 5,000원

현명한 사람이 읽는 지혜로운 이야기
이성민 엮음 | 신국판 | 236쪽 | 6,500원

성공적인 표정이 당신을 바꾼다
마츠오 도오루 지음 | 홍영의 옮김
신국판 | 240쪽 / 7,500원

태양의 법
오오카와 류우호오 지음 | 민병수 옮김
신국판 | 246쪽 | 8,500원

영원의 법
오오카와 류우호오 지음 | 민병수 옮김
신국판 | 240쪽 | 8,000원

석가의 본심
오오카와 류우호오 지음 | 민병수 옮김
신국판 | 246쪽 | 10,000원

옛 사람들의 재치와 웃음
강형중·김경익 편저 | 신국판 | 316쪽 | 8,000원

지혜의 쉼터
쇼펜하우어 지음 | 김충호 엮음
4×6판 양장본 | 160쪽 | 4,300원

헤세가 너에게
헤르만 헤세 지음 | 홍영의 엮음
4×6판 양장본 | 144쪽 | 4,500원

사랑보다 소중한 삶의 의미
크리슈나무르티 지음 | 최윤영 엮음
4×6판 | 180쪽 | 4,000원

장자 - 어찌하여 알 속에 털이 있다 하는가
홍영의 엮음 | 4×6판 | 180쪽 | 4,000원

논어 - 배우고 때로 익히면 즐겁지 아니한가
신도희 엮음 | 4×6판 | 180쪽 | 4,000원

맹자 - 가까이 있는데 어찌 먼 데서 구하려 하는가
홍영의 엮음 | 4×6판 | 180쪽 | 4,000원

아름다운 세상을 만드는 사랑의 메시지 365
DuMont monte Verlag 엮음 | 정성호 옮김
4×6판 변형 양장본 | 240쪽 | 8,000원

황금의 법
오오카와 류우호오 지음 | 민병수 옮김
신국판 | 320쪽 | 12,000원

왜 여자는 바람을 피우는가?
기젤라 룬테 지음 | 김현성·진정미 옮김
국판 | 200쪽 | 7,000원

세상에서 가장 아름다운 선물
김인자 지음 | 국판변형 | 292쪽 | 9,000원

수능에 꼭 나오는 한국 단편 33
윤종필 엮음 및 해설 | 신국판 | 704쪽 | 11,000원

수능에 꼭 나오는 한국 현대 단편 소설
윤종필 엮음 및 해설 | 신국판 | 364쪽 | 11,000원

수능에 꼭 나오는 세계단편(영미권)
지창영 옮김 | 윤종필 엮음 및 해설
신국판 | 328쪽 | 10,000원

수능에 꼭 나오는 세계단편(유럽권)
지창영 옮김 | 윤종필 엮음 및 해설
신국판 | 360쪽 | 11,000원

대왕세종 1·2·3
박충훈 지음 | 신국판 | 각 권 9,800원

세상에서 가장 소중한 아버지의 선물
최은경 지음 | 신국판 | 144쪽 | 9,500원

마담파리와 고서방
이젤 지음 | 신국판 | 268쪽 | 13,000원

건 강

아름다운 피부미용법
이순희(한독피부미용학원 원장) 지음
신국판 | 296쪽 | 6,000원

버섯건강요법
김병각 외 6명 지음 | 신국판 | 286쪽 | 8,000원

성인병과 암을 정복하는 유기게르마늄
이상현 편저 | 카요 샤오이 감수
신국판 | 312쪽 | 9,000원

난치성 피부병
생약효소연구원지음 | 신국판 | 232쪽 | 7,500원

新 방약합편
정도명 편역 | 신국판 | 416쪽 | 15,000원

자연치료의학
오홍근(신경정신과 의학박사·자연의학박사)
지음 | 신국판 | 472쪽 | 15,000원

약초의 활용과 가정한방
이인성 지음 | 신국판 | 384쪽 | 8,500원

역전의학
이시하라 유미 지음 | 유태종 감수
신국판 | 286쪽 | 8,500원

이순희식 순수피부미용법
이순희(한독피부미용학원 원장) 지음
신국판 | 304쪽 | 7,000원

21세기 당뇨병 예방과 치료법
이현철(연세대 의대 내과 교수) 지음
신국판 | 360쪽 | 9,500원

신재용의 민의학 동의보감
신재용(해성한의원 원장) 지음
신국판 | 476쪽 | 10,000원

치매 알면 이긴다
배오성(백성한방병원 원장) 지음
신국판 | 312쪽 | 10,000원

21세기 건강혁명 밥상 위의 보약 생식
최경순 지음 | 신국판 | 348쪽 | 9,800원

기치유와 기공수련
윤한홍(기치유 연구회 회장) 지음
신국판 | 340쪽 | 12,000원

만병의 근원 스트레스 원인과 퇴치
김지혁(김지혁한의원 원장) 지음
신국판 | 324쪽 | 9,500원

김종성 박사의 뇌졸중 119
김종성 지음 | 신국판 | 356쪽 | 12,000원

탈모 예방과 모발 클리닉
장정훈·전재홍 지음 | 신국판 | 252쪽 | 8,000원

구태규의 100% 성공 다이어트
구태규 지음 | 4×6배판 변형 | 240쪽 | 9,900원

암 예방과 치료법
이춘기 지음 | 신국판 | 296쪽 | 11,000원

알기 쉬운 위장병 예방과 치료법
민영일 지음 | 신국판 | 328쪽 | 9,900원

이온 체내혁명
노보루 야마노이 지음 | 김병관 옮김
신국판 | 272쪽 | 9,500원

어혈과 사혈요법
정지천 지음 | 신국판 | 308쪽 | 12,000원

약손 경락마사지로 건강미인 만들기
고정환지음 | 4×6배판 변형 | 284쪽 | 15,000원

정유정의 LOVE DIET
정유정 지음 | 4×6배판 변형 | 196쪽 | 10,500원

머리에서 발끝까지 예뻐지는 부분다이어트
신상만·김선민 지음 | 4×6배판 변형
196쪽 | 11,000원

알기 쉬운 심장병 119
박승정 지음 | 신국판 | 248쪽 | 9,000원

알기 쉬운 고혈압 119
이정균 지음 | 신국판 | 304쪽 | 10,000원

여성을 위한 부인과질환의 예방과 치료
차선희 지음 | 신국판 | 304쪽 | 10,000원

알기 쉬운 아토피 119
이승규·임승엽·김문호·안유일 지음
신국판 | 232쪽 | 9,500원

120세에 도전한다
이권행 지음 | 신국판 | 308쪽 | 11,000원

건강과 아름다움을 만드는 요가
정판식 지음 | 4×6배판 변형 | 224쪽 | 14,000원

우리 아이 건강하고 아름다운 롱다리 만들기
김성훈 지음 | 대국전판 | 236쪽 | 10,500원

알기 쉬운 허리디스크 예방과 치료
이종서 지음 | 대국전판 | 336쪽 | 12,000원

소아과전문의에게 듣는 알기 쉬운 소아과119
신영규·이강우·최성항 지음 | 4×6배판 변형
280쪽 | 14,000원

피가 맑아야 건강하게 오래 살 수 있다
김영찬 지음 | 신국판 | 256쪽 | 10,000원

웰빙형 피부 미인을 만드는 나만의 셀프 피부건강
양해원 지음 | 대국전판 | 144쪽 | 10,000원

내 몸을 살리는 생활 속의 웰빙 항암식품
이승남 지음 | 대국전판 | 248쪽 | 9,800원

마음한글 느낌한글
박완식 지음 | 4×6배판 | 300쪽 | 15,000원

웰빙 동의보감식 발마사지 10분
최미희 지음 | 신재용 감수
4×6배판 변형 | 204쪽 | 13,000원

아름다운 몸 건강한 몸을 위한 목욕 건강 30분
임하성 지음 | 대국전판 | 176쪽 | 9,500원

내가 만드는 한방생주스 60
김영섭 지음 | 국판 | 112쪽 | 7,000원

건강도 키우고 성적도 올리는 자녀 건강
김지돈 지음 | 신국판 | 304쪽 | 12,000원

알기 쉬운 간질환 119
이관식 지음 | 신국판 | 264쪽 | 11,000원

밥으로 병을 고친다
허봉수 지음 | 대국전판 | 352쪽 | 13,500원

알기 쉬운 신장병 119
김형규 지음 | 신국판 | 240쪽 | 10,000원

마음의 감기 치료법 우울증 119
이민수 지음 | 대국전판 | 232쪽 | 9,800원

관절염 119
송영욱 지음 | 대국전판 | 224쪽 | 9,800원

내 딸을 위한 미성년 클리닉
강병문·이항아·최정원 지음 | 국판 | 148쪽 | 8,000원

암을 다스리는 기적의 치유법
케이 세이헤이 감수 | 카와키 나리카즈 지음 | 민병수 옮김 | 신국판 | 256쪽 | 9,000원

스트레스 다스리기 대한불안장애학회 스트레스관리연구특별위원회 지음
신국판 | 304쪽 | 12,000원

천연 식초 건강법
건강식품연구회 엮음 | 신재용(해성한의원 원장) 감수
신국판 | 252쪽 | 9,000원

암에 대한 모든 것
서울아산병원 암센터 지음
신국판 | 360쪽 | 13,000원

알록달록 컬러 다이어트
이승남 지음 | 국판 | 248쪽 | 10,000원

불임부부의 희망 당신도 부모가 될 수 있다
정병준 지음 | 신국판 | 268쪽 | 9,500원

키 10cm 더 크는 키네스 성장법
김양수·이종균·최형규·표재환·김문희 지음
대국전판 | 312쪽 | 12,000원

당뇨병 백과
이현철·송영득·안철우 지음
4×6배판 변형 | 396쪽 | 16,000원

호흡기 클리닉
박성학 지음 | 신국판 | 256쪽 | 10,000원

키 쑥쑥 크는 롱다리 만들기
롱다리 성장클리닉 원장단 지음
대국전판 | 256쪽 | 11,000원

내 몸을 살리는 건강식품
백은희 지음 | 신국판 | 384쪽 | 12,000원

내 몸에 맞는 운동과 건강
허철수 지음 | 신국판 | 264쪽 | 11,000원

알기 쉬운 척추 질환 119
김수연 지음 | 신국판 변형 | 240쪽 | 11,000원

베스트 닥터 박승정 교수팀의
심장병 예방과 치료
박승정 외 5인 지음 | 신국판 | 264쪽 | 10,500원

암 전이 재발을 막아주는 한방 신치료 전략
조종관·유화승 지음 | 신국판 | 308쪽 | 12,000원

식탁 위의 위대한 혁명 사계절 웰빙 식품
김진돈 지음 | 신국판 | 284쪽 | 12,000원

우리 가족 건강을 위한 신종플루 대처법
우훈희·김태형·정진원 지음
신국판 변형 | 172쪽 | 8,500원

스트레스가 내 몸을 살린다
대한불안의학회 스트레스관리특별위원회 지음
신국판 | 296쪽 | 13,000원

수술하지 않고도 나도 예뻐질 수 있다
김경모 지음 | 신국판 | 144쪽 | 9,000원

심장병 119
서울아산병원 심장병원 박승정 박사 지음
신국판 | 292쪽 | 13,000원

키 10cm 더 크는 비결
김양수 외 4인 지음
4×6배판 올컬러 | 260쪽 | 15,000원

교 육

우리 교육의 창조적 백색혁명
원상기 지음 | 신국판 | 206쪽 | 6,000원

현대생활과 체육
조창남 외 5명 공저 | 신국판 | 340쪽 | 10,000원

퍼펙트 MBA
IAE유학네트 지음 | 신국판 | 400쪽 | 12,000원

유학길라잡이 I - 미국편
IAE유학네트 지음 | 4×6배판 | 372쪽 | 13,900원

유학길라잡이 II - 4개국편
IAE유학네트 지음 | 4×6배판 | 348쪽 | 13,900원

조기유학길라잡이.com
IAE유학네트 지음 | 4×6배판 | 428쪽 | 15,000원

현대인의 건강생활
박상호 외 5명 공저 | 4×6배판 | 268쪽 | 15,000원

천재아이로 키우는 두뇌훈련
나카마츠 요시로 지음 | 민병수 옮김
국판 | 288쪽 | 9,500원

두뇌혁명
나카마츠 요시로 지음 | 민병수 옮김
4×6판 양장본 | 288쪽 | 12,000원

테마별 고사성어로 익히는 한자
김경익 지음 | 4×6배판 변형 | 248쪽 | 9,800원

生생공부비법
이은승 지음 | 대국전판 | 272쪽 | 9,500원

자녀를 성공시키는 습관만들기
배은경 지음 | 대국전판 | 232쪽 | 9,500원

한자능력검정시험 1급
한자능력검정시험연구위원회 편저
4×6배판 | 568쪽 | 21,000원

한자능력검정시험 2급
한자능력검정시험연구위원회 편저
4×6배판 | 472쪽 | 18,000원

한자능력검정시험 3급(3급II)
한자능력검정시험연구위원회 편저
4×6배판 | 440쪽 | 17,000원

한자능력검정시험 4급(4급II)
한자능력검정시험연구위원회 편저
4×6배판 | 352쪽 | 15,000원

한자능력검정시험 5급
한자능력검정시험연구위원회 편저
4×6배판 | 264쪽 | 11,000원

한자능력검정시험 6급
한자능력검정시험연구위원회 편저
4×6배판 | 168쪽 | 8,500원

한자능력검정시험 7급
한자능력검정시험연구위원회 편저
4×6배판 | 152쪽 | 7,000원

한자능력검정시험 8급
한자능력검정시험연구위원회 편저
4×6배판 | 112쪽 | 6,000원

볼링의 이론과 실기
이택상 지음 | 신국판 | 192쪽 | 9,000원

고사성어로 끝내는 천자문
조준상 글·그림 | 4×6배판 | 216쪽 | 12,000원

내 아이 스타 만들기
김민성 지음 | 신국판 | 200쪽 | 9,000원

교육 1번지 강남 엄마들의 수험생 자녀 관리
황송주 지음 | 신국판 | 288쪽 | 9,500원

초등학생이 꼭 알아야 할 위대한 역사 상식
우진영·이양경 지음 | 4×6배판변형
228쪽 | 9,500원

초등학생이 꼭 알아야 할 행복한 경제 상식
우진영·전선심 지음 | 4×6배판변형
224쪽 | 9,500원

초등학생이 꼭 알아야 할 재미있는 과학상식
우진영·정경희 지음 | 4×6배판변형
220쪽 | 9,500원

한자능력검정시험 3급·3급II
한자능력검정시험연구위원회 편저
4×6판 | 380쪽 | 7,500원

교과서 속에 꼭꼭 숨어있는 이색박물관 체험
이신화 지음 | 대국전판 | 248쪽 | 12,000원

초등학생 독서 논술(저학년)
책마루 독서교육연구회 지음 | 4×6배판 변형
244쪽 | 14,000원

초등학생 독서 논술(고학년)
책마루 독서교육연구회 지음 | 4×6배판 변형
236쪽 | 14,000원

놀면서 배우는 경제
김술 지음 | 대국전판 | 196쪽 | 10,000원

건강생활과 레저스포츠 즐기기
강선희 외 11명 공저 | 4×6배판 | 324쪽 | 18,000원

아이의 미래를 바꿔주는 좋은 습관
배은경 지음 | 신국판 | 216쪽 | 9,500원

다중지능 아이의 미래를 바꾼다
이소영 외 6인 지음 | 신국판 | 232쪽 | 11,000원

체육학 자연과학 및 사회과학 분야의 석·박사 학위 논문, 학술진흥재단
등재지, 등재후보지와 관련된 학회지 논문 작성법
허철수·김봉경 지음 | 신국판 | 336쪽 | 15,000원

공부가 제일 쉬운 공부 달인 되기
이은승 지음 | 신국판 | 256쪽 | 10,000원

글로벌 리더가 되려면 영어부터 정복하라
서재희 지음 | 신국판 | 276쪽 | 11,500원

중국현대30년사
정재일 지음 | 신국판 | 364쪽 | 20,000원

생활호신술 및 성폭력의 유형과 예방
신현무 지음 | 신국판 | 228쪽 | 13,000원

글로벌 리더가 되는 최강 속독법
권혁천 지음 | 신국판 | 336쪽 | 15,000원

디지털 시대의 여가 및 레크리에이션
박세혁 지음 | 4×6배판 양장 | 404쪽 | 30,000원

취미·실용

김진국과 같이 배우는 와인의 세계
김진국 지음 | 국배판 변형양장본(올 컬러판)
208쪽 | 30,000원

배스낚시 테크닉
이종건 지음 | 4×6배판 | 440쪽 | 20,000원

나도 디지털 전문가 될 수 있다
이승훈 지음 | 4×6배판 | 320쪽 | 19,200원

건강하고 아름다운 동양란 기르기
난마을 지음 | 4×6배판변형 | 184쪽 | 12,000원

애완견114
황양원 엮음 | 4×6배판변형 | 228쪽 | 13,000원

경제·경영

CEO가 될 수 있는 성공법칙 101가지
김승룡 편역 | 신국판 | 320쪽 | 9,500원

정보소프트
김승룡 지음 | 신국판 | 324쪽 | 6,000원

기획대사전
다카하시 겐코 지음 | 홍영의 옮김
신국판 | 552쪽 | 19,500원

맨손창업·맞춤창업 BEST 74
양혜숙 지음 | 신국판 | 416쪽 | 12,000원

무자본, 무점포 창업!FAX 한 대면 성공한다
다카시로 고시 지음 | 홍영의 옮김
신국판 | 226쪽 | 7,500원

성공하는 기업의 인간경영
중소기업 노무 연구회 편저 | 홍영의 옮김
신국판 | 368쪽 | 11,000원

21세기 IT가 세계를 지배한다
김광희 지음 | 신국판 | 380쪽 | 12,000원

경제기사로 부자아빠 만들기
김기태·신현태·박근수 공저 | 신국판
388쪽 | 12,000원

포스트 PC의 주역 정보가전과 무선인터넷
김광희 지음 | 신국판 | 356쪽 | 12,000원

성공하는 사람들의 마케팅 바이블
채수명 지음 | 신국판 | 328쪽 | 12,000원

느린 비즈니스로 돌아가라
사카모토 게이이치 지음 | 정성호 옮김
신국판 | 276쪽 | 9,000원

적은 돈으로 큰돈 벌 수 있는 부동산 재테크
이원재 지음 | 신국판 | 340쪽 | 12,000원

바이오혁명
이주영 지음 | 신국판 | 328쪽 | 12,000원

성공하는 사람들의 자기혁신 경영기술
채수명 지음 | 신국판 | 344쪽 | 12,000원

CFO
교텐 토요오·타하라 오키시 지음
민병수 옮김 | 신국판 | 312쪽 | 12,000원

네트워크시대 네트워크마케팅
임동학 지음 | 신국판 | 376쪽 | 12,000원

성공리더의 7가지 조건
다이앤 트레이시·윌리엄 모건 지음
지창영 옮김 | 신국판 | 360쪽 | 13,000원

김종결의 성공창업
김종결 지음 | 신국판 | 340쪽 | 12,000원

최적의 타이밍에 내 집 마련하는 기술
이원재 지음 | 신국판 | 404쪽 | 10,500원

컨설팅 세일즈 Consulting sales
임동학 지음 | 대국전판 | 336쪽 | 13,000원

연봉 10억 만들기
김농주 지음 | 국판 | 216쪽 | 10,000원

주5일제 근무에 따른 한국형 주말창업
최효진 지음 | 신국판 변형 양장본
216쪽 | 10,000원

돈 되는 땅 돈 안되는 땅
김영준 지음 | 신국판 | 320쪽 | 13,000원

돈 버는 회사로 만들 수 있는 109가지
다카하시 도시노리 지음 | 민병수 옮김
신국판 | 344쪽 | 13,000원

프로는 디테일에 강하다
김미현 지음 | 신국판 | 248쪽 | 9,000원

머니투데이 송복규 기자의 부동산으로 주머니돈 100배 만들기
송복규 지음 | 신국판 | 328쪽 | 13,000원

성공하는 슈퍼마켓&편의점 창업
나명환 지음 | 4×6배판 변형 | 500쪽 | 28,000원

대한민국 성공 재테크 부동산 펀드와 리츠로 승부하라
김영준 지음 | 신국판 | 256쪽 | 12,000원

마일리지 200% 활용하기
박성희 지음 | 국판 변형 | 200쪽 | 8,000원

1%의 가능성에 도전,성공신화를 이룬 여성 CEO
김미현 지음 | 신국판 | 248쪽 | 9,500원

3천만 원으로 부동산 재벌 되기
최수길·이숙·조연희 지음
신국판 | 290쪽 | 12,000원

10년을 앞설 수 있는 재테크
노동규 지음 | 신국판 | 260쪽 | 10,000원

세계 최강을 추구하는 도요타 방식
나카야마 키요타카 지음 | 민병수 옮김
신국판 | 296쪽 | 12,000원

최고의 설득을 이끌어내는 프레젠테이션
조두환 지음 | 신국판 | 296쪽 | 11,000원

최고의 만족을 이끌어내는 창의적 협상
조강희·조원희 지음 | 신국판 | 248쪽 | 10,000원

New 세일즈기법 물건을 팔지 말고 가치를 팔아라
조기선 지음 | 신국판 | 264쪽 | 9,500원

작은 회사는 전략이 달라야 산다
황문진 지음 | 신국판 | 312쪽 | 11,000원

돈되는 슈퍼마켓 & 편의점 창업전략(입지 편)
나명환 지음 | 신국판 | 352쪽 | 13,000원

25·35 꼼꼼 여성 재테크
정원룡 지음 | 신국판 | 224쪽 | 11,000원

대한민국 2030 독특하게 창업하라
이상헌·이호 지음 | 신국판 | 288쪽 | 12,000원

왕초보 주택 경매로 돈 벌기
천관성 지음 | 신국판 | 268쪽 | 12,000원

New 마케팅 기법 〈실천편〉 물건을 팔지 말고 가치를 팔아라 2
조기선 지음 | 신국판 | 240쪽 | 10,000원

퇴출 두려워 마라 홀로서기에 도전하라
신정수 지음 | 신국판 | 256쪽 | 11,500원

슈퍼마켓 & 편의점 창업 바이블
나명환 지음 | 신국판 | 280쪽 | 12,000원

위기의 한국 기업 재창조하라
신정수 지음 | 신국판 양장본 | 304쪽 | 15,000원

취업닥터
신정수 지음 | 신국판 | 272쪽 | 13,000원

합법적으로 확실하게 세금 줄이는 방법
최성호·강기근 지음 | 대국전판 | 372쪽 | 16,000원

선거수첩
김용한 엮음 | 4×6판 | 184쪽 | 9,000원

소상공인 마케팅 실전 노하우
(사)한국소상공인마케팅협회 지음 | 황문진 감수
4×6배판 변형 | 240쪽 | 22,000원

불황을 완벽하게 타개하는 법칙
오오카와 류우오오 지음 | 김지현 옮김
신국판변형 | 240쪽 | 11,000원

한국 이명박 대통령의 영적 메시지
오오카와 류우오오 지음 | 박재영 옮김
4×6판 | 140쪽 | 7,500원

세계 황제를 노리는 남자 시진핑의 본심에 다가서다
오오카와 류우오오 지음 | 안미현 옮김
4×6판 | 144쪽 | 7,500원

북한 종말의 시작 영적 진실의 충격
오오카와 류우오오 지음 | 박재영 옮김
4×6판 | 194쪽 | 8,000원

러시아의 신임 대통령 푸틴과 제국의 미래
오오카와 류우오오 지음 | 안미현 옮김
4×6판 | 150쪽 | 7,500원

취업 역량과 가치로 디자인하라
신정수 지음 | 신국판 | 348쪽 | 15,000원

북한과의 충돌을 예견한다
오오카와 류우오오 지음 | 4×6판 | 148쪽 | 8,000원

미래의 법
오오카와 류우오오 지음
신국판 | 204쪽 | 11,000원

김정은의 본심에 다가서다
오오카와 류우오오 지음
4×6판 | 200쪽 | 8,000원

하세가와 케이타로 수호령 메시지
오오카와 류우오오 지음
신국판 | 140쪽 | 7,500원

뭐든지 다 판다
정철원 지음 | 신국판 | 280쪽 | 15,000원

더+ 시너지
유길문 지음 | 신국판 | 228쪽 | 14,000원

영원한 생명의 세계
오오카와 류우호오 지음 | 신국판 변형
148쪽 | 12,000원

인내의 법
오오카와 류우호오 지음 | 신국판 변형
260쪽 | 15,000원

스트레스 프리 행복론
오오카와 류우호오 지음 | 신국판 변형
180쪽 | 12,000원

지혜의 법
오오카와 류우호오 지음 | 신국판 변형
230쪽 | 13,000원

더 힐링파워
오오카와 류우호오 지음 | 신국판 변형
190쪽 | 12,000원

월트 디즈니 감동을 주는 마법의 비밀
오오카와 류우호오 지음 | 4×6판 |
130쪽 | 7,000원

주식

개미군단 대박맞이 주식투자
홍성길(한양증권 투자분석팀 팀장) 지음
신국판 | 310쪽 | 9,500원

알고 하자! 돈 되는 주식투자
이길영 외2명 공저 | 신국판 | 388쪽 | 12,500원

항상 당하기만 하는 개미들의 매도·매수 타이밍 999% 적중 노하우
강경무 지음 | 신국판 | 336쪽 | 12,000원

부자 만들기 주식성공클리닉
이창희 지음 | 신국판 | 372쪽 | 11,500원

선물·옵션 이론과 실전매매
이희철 지음 | 신국판 | 372쪽 | 12,000원

너무나 쉬워 재미있는 주가차트
홍성무 지음 | 4×6배판 | 216쪽 | 15,000원

주식투자 직접 투자로 높은 수익을 올릴 수 있는 비결
김학균 지음 | 신국판 | 230쪽 | 11,000원

억대 연봉 증권맨이 말하는 슈퍼 개미의 수익나는 원리
임정규 지음 | 신국판 | 248쪽 | 12,500원

주식탈무드
윤순숙 지음 | 신국판양장 | 240쪽 | 15,000원

역학

역리종합 만세력
정도명 편저 | 신국판 | 532쪽 | 10,500원

작명대전
정보국 지음 | 신국판 | 460쪽 | 12,000원

하락이수 해설
이천교 편저 | 신국판 | 620쪽 | 27,000원

현대인의 창조적 관상과 수상
백운산 지음 | 신국판 | 344쪽 | 9,000원

대운용신영부적
정재원지음 | 신국판 양장본 | 750쪽 | 39,000원

사주비결활용법
이세진 지음 | 신국판 | 392쪽 | 12,000원

컴퓨터세대를 위한 新 성명학대전
박용찬 지음 | 신국판 | 388쪽 | 11,000원

길흉화복 꿈풀이 비법
백운산 지음 | 신국판 | 410쪽 | 12,000원

새천년 작명컨설팅
정재원 지음 | 신국판 | 492쪽 | 13,900원

백운산의 신세대 궁합
백운산 지음 | 신국판 | 304쪽 | 9,500원

동자삼 작명학
남시모 지음 | 신국판 | 496쪽 | 15,000원

소울음소리
이건우 지음 | 신국판 | 314쪽 | 10,000원

알기 쉬운 명리학 총론
고순택지음 | 신국판 양장본 | 652쪽 | 35,000원

대운명
정재원 지음 | 신국판 | 708쪽 | 23,200원

법률일반

여성을 위한 성범죄 법률상식
조명원(변호사) 지음 | 신국판 | 248쪽 | 8,000원

아파트 난방비 75% 절감방법
고영근 지음 | 신국판 | 238쪽 | 8,000원

일반인이 꼭 알아야 할 절세전략 173선
최성호(공인회계사) 지음 | 신국판 392쪽 | 12,000원

변호사와 함께하는 부동산 경매
최환주(변호사)지음 | 신국판 | 404쪽 | 13,000원

혼자서 쉽고 빠르게 할 수 있는 소액재판
김재용 · 김종철 공저 | 신국판 | 312쪽 | 9,500원

술 한 잔 사겠다는 말에서 찾아보는 채권 · 채무
변환철(변호사) 지음 | 신국판 | 408쪽 | 13,000원

알기쉬운 부동산 세무 길라잡이
이건우(세무서 재산계장) 지음 | 신국판 400쪽 | 13,000원

알기쉬운 어음, 수표 길라잡이
변환철(변호사) 지음 | 신국판 | 328쪽 | 11,000원

제조물책임법
강동근(변호사) · 윤종성(검사) 공저 | 신국판 | 368쪽 | 13,000원

알기 쉬운 주5일근무에 따른 임금 · 연봉제 실무
문강분(공인노무사)지음 | 4×6배판 변형 544쪽 | 35,000원

변호사 없이 당당히 이길 수 있는 형사소송
김대환 지음 | 신국판 | 304쪽 | 13,000원

변호사 없이 당당히 이길 수 있는 민사소송
김대환 지음 | 신국판 | 412쪽 | 14,500원

혼자서 해결할 수 있는 교통사고 Q&A
조명원(변호사) 지음 | 신국판 | 336쪽 | 12,000원

알기 쉬운 개인회생 · 파산 신청법
최재구(법무사) 지음 | 신국판 | 352쪽 | 13,000원

부동산 조세론
정태식 · 김예기 지음 | 4×6배판 변형 408쪽 | 33,000원

생활법률

부동산 생활법률의 기본지식
대한법률연구회 지음 | 김원중(변호사) 감수 신국판 | 480쪽 | 12,000원

고소장 · 내용증명 생활법률의 기본지식
하태웅(변호사) 지음 | 신국판 | 440쪽 | 12,000원

노동 관련 생활법률의 기본지식
남동희(공인노무사) 지음 신국판 | 528쪽 | 14,000원

외국인 근로자 생활법률의 기본지식
남동희(공인노무사) 지음 신국판 | 400쪽 | 12,000원

계약작성 생활법률의 기본지식
이상도(변호사)지음 | 신국판 | 560쪽 | 14,500원

지적재산 생활법률의 기본지식
이상도(변호사) · 조의제(변리사) 공저 신국판 | 496쪽 | 14,000원

부당노동행위와 부당해고 생활법률의 기본지식
박영수(공인노무사) 지음 | 신국판 432쪽 | 14,000원

주택 · 상가임대차 생활법률의 기본지식
김운용(변호사) 지음 | 신국판 | 480쪽 | 14,000원

하도급거래 생활법률의 기본지식
김진흥(변호사) 지음 | 신국판 | 440쪽 | 14,000원

이혼소송과 재산분할 생활법률의 기본지식
박동섭(변호사) 지음 | 신국판 | 460쪽 | 14,000원

부동산등기 생활법률의 기본지식
정상태(법무사) 지음 | 신국판 | 456쪽 | 14,000원

기업경영 생활법률의 기본지식
안동섭(단국대 교수) 지음 | 신국판 466쪽 | 14,000원

교통사고 생활법률의 기본지식
박정무(변호사) · 전병찬 공저 | 신국판 480쪽 | 14,000원

소송서식 생활법률의 기본지식
김대환 지음 | 신국판 | 480쪽 | 14,000원

호적 · 가사소송 생활법률의 기본지식
정주수(법무사) 지음 | 신국판 | 516쪽 | 14,000원

상속과 세금 생활법률의 기본지식
박동섭(변호사) 지음 | 신국판 | 480쪽 | 14,000원

담보 · 보증 생활법률의 기본지식
류창호(법학박사)지음 | 신국판 | 436쪽 | 14,000원

소비자보호 생활법률의 기본지식
김성천(법학박사)지음 | 신국판 | 504쪽 | 15,000원

판결 · 공정증서 생활법률의 기본지식
정상태(법무사) 지음 | 신국판 | 312쪽 | 13,000원

산업재해보상보험 생활법률의 기본지식
정유석(공인노무사) 지음 | 신국판 | 384쪽 | 14,000원

명상

명상으로 얻는 깨달음
달라이 라마 지음 | 지창영 옮김 국판 | 320쪽 | 9,000원

처세

성공적인 삶을 추구하는 여성들에게 우먼파워
조안 커너 · 모이라 레이너 공저 | 지창영 옮김 신국판 | 352쪽 | 8,800원

聽 이익이 되는 말 話 손해가 되는 말
우메시마 미요지음 | 정성호 옮김 신국판 | 304쪽 | 9,000원

성공하는 사람들의 화술테크닉
민영욱 지음 | 신국판 | 320쪽 | 9,500원

부자들의 생활습관 가난한 사람들의 생활습관
다케우치 야스오 지음 | 홍영의 옮김 신국판 | 320쪽 | 9,800원

코끼리 귀를 당긴 원숭이-히딩크식 창의력을 배우자
강충인 지음 | 신국판 | 208쪽 | 8,500원

성공하려면 유머와 위트로 무장하라
민영욱 지음 | 신국판 | 292쪽 | 9,500원

등소평의 오뚝이전략
조창남 편저 | 신국판 | 304쪽 | 9,500원

노무현 화술과 화법을 통한 이미지 변화
이현정 지음 신국판 | 320쪽 | 10,000원

성공하는 사람들의 토론의 법칙
민영욱 지음 | 신국판 | 280쪽 | 9,500원

사람은 칭찬을 먹고산다
민영욱 지음 | 신국판 | 268쪽 | 9,500원

사과의 기술
김농주지음 | 국판 변형 양장본 | 200쪽 | 10,000원

취업 경쟁력을 높여라
김농주 지음 | 신국판 | 280쪽 | 12,000원

유비쿼터스시대의 블루오션 전략
최양진 지음 | 신국판 | 248쪽 | 10,000원

나만의 블루오션 전략 - 화술편
민영욱 지음 | 신국판 | 254쪽 | 10,000원

희망의 씨앗을 뿌리는 20대를 위하여
우광균 지음 | 신국판 | 172쪽 | 8,000원

끌리는 사람이 되기위한 이미지 컨설팅
홍순아 지음 | 대국전판 | 194쪽 | 10,000원

글로벌 리더의 소통을 위한 스피치
민영욱 지음 | 신국판 | 328쪽 | 10,000원

오바마처럼 꿈에 미쳐라
정영순 지음 | 신국판 | 208쪽 | 9,500원

여자 30대, 내 생애 최고의 인생을 만들어라
정영순 지음 | 신국판 | 256쪽 | 11,500원

인맥의 달인을 넘어 인맥의 神이 되라
서필환 · 봉은희지음 | 신국판 | 304쪽 | 12,000원

아임 파인(I'm Fine!)
오오카와 류우호오 지음 | 4×6판 | 152쪽 | 8,000원

미셸 오바마처럼 사랑하고 성공하라
정영순 지음 | 신국판 | 224쪽 | 10,000원

용기의 법
오오카와류우호오지음 | 국판 | 208쪽 | 10,000원

긍정의 신
김태광 지음 | 신국판 변형 | 230쪽 | 9,500원

위대한 결단
이채윤 지음 | 신국판 | 316쪽 | 15,000원
한국을 일으킬 비전 리더십
안의정 지음 | 신국판 | 340쪽 | 14,000원
하우 어바웃 유?
오오카와 류우오오 지음 | 신국판 변형
140쪽 | 9,000원
셀프 리더십의 긍정적 힘
배은경 지음 | 신국판 | 178쪽 | 12,000원
실천하라 정주영처럼
이채윤 지음 | 신국판 | 300쪽 | 12,000원
진실에 대한 깨달음
오오카와 류우오오 지음 | 신국판 변형
170쪽 | 9,500원
통하는 화술
민영욱·조영관·손이수 지음 | 신국판
264쪽 | 12,000원
마흔, 마음샘에서 찾은 논어
이이영지음 | 신국판 | 294쪽 | 12,000원
겨자씨만한 역사, 세상을 열다
이이영·손연주 지음 | 신국판 | 304쪽 | 12,000원
취업 공부를 멈춰야 성공한다
신정수 지음 | 신국판 | 336쪽 | 15,000원
홀리스틱 리더십
김길수 지음 | 신국판 | 240쪽 | 13,000원

어학

2진법 영어
이상도 지음 | 4×6배판 변형 | 328쪽 | 13,000원
한 방으로 끝내는 영어
고제윤 지음 | 신국판 | 316쪽 | 9,800원
한 방으로 끝내는 영단어
김수엽 지음 | 김수경·카렌다 감수
4×6배판 변형 | 236쪽 | 9,800원
해도해도 안 되던 영어회화 하루에 30분씩
90일이면 끝난다
Carrot Korea 편집부 지음 | 4×6배판 변형
260쪽 | 11,000원
바로 활용할 수 있는 기초생활영어
김수경 지음 | 신국판 | 240쪽 | 10,000원
바로 활용할 수 있는 비즈니스영어
김수경 지음 | 신국판 | 252쪽 | 10,000원
생존영어55
홍일록 지음 | 신국판 | 224쪽 | 8,500원
필수 여행영어회화
한현숙 지음 | 4×6판 변형 | 328쪽 | 7,000원
필수 여행일어회화
윤명자 지음 | 4×6판 변형 | 264쪽 | 6,500원
필수 여행중국어회화
이은진 지음 | 4×6판 변형 | 256쪽 | 7,000원
영어로 배우는 중국어
김승엽 지음 | 신국판 | 216쪽 | 9,000원
필수 여행스페인어회화
유연창 지음 | 4×6판 변형 | 288쪽 | 7,000원
바로 활용할 수 있는 홈스테이 영어
김형주 지음 | 신국판 | 184쪽 | 9,000원
필수 여행러시아어회화
이은수 지음 | 4×6판 변형 | 248쪽 | 7,500원
바로 활용할 수 있는 홈스테이 영어
김형주 지음 | 신국판 | 184쪽 | 9,000원
필수 여행러시아어회화
이은수 지음 | 4×6판 변형 | 248쪽 | 7,500원

영어 먹는 고양이 1
권혁천 지음 | 4×6배판 변형(올컬러)
164쪽 | 9,500원
영어 먹는 고양이 2
권혁천 지음 | 4×6배판 변형(올컬러)
152쪽 | 9,500원

여행

우리 땅 우리 문화가 살아 숨쉬는 옛터
이형권 지음 | 대국전판(올컬러)
208쪽 | 9,500원
아름다운 산사
이형권지음 | 대국전판(올컬러) | 208쪽 | 9,500원
맛과 멋이 있는 낭만의 카페
박성찬지음 | 대국전판(올컬러) | 168쪽 | 9,900원
한국의 숨어 있는 아름다운 풍경
이종원지음 | 대국전판(올컬러) | 208쪽 | 9,900원
사람이 있고 자연이 있는 아름다운 명산
박기성지음 | 대국전판(올컬러) | 176쪽 | 12,000원
마음의 고향을 찾아가는 여행 포구
김인자 지음 | 대국전판(올컬러) | 224쪽 |
14,000원
생명이 살아 숨쉬는 한국의 아름다운 강
민병준지음 | 대국전판(올컬러) | 168쪽 | 12,000원
틈나는 대로 세계여행
김재관 지음 | 4×6배판 변형(올컬러)
368쪽 | 20,000원
풍경 속을 걷는 즐거움 명상 산책
김인자지음 | 대국전판(올컬러) | 224쪽 | 14,000원
3,3,7 세계여행
김완수 지음 | 4×6배판 변형(올컬러)
280쪽 | 12,900원
법정 스님의 발자취가 남겨진
아름다운 산사
박성찬·최애정·이성준 지음
신국판 변형(올컬러) | 176쪽 | 12,000원
자유인 김완수의 세계 자연경관 후보지 21
곳 탐방과 세계 7대 자연경관 견문록
김완수지음 | 4×6배판(올컬러) | 368쪽 | 27,000원

레포츠

수열이의 브라질 축구 탐방 삼바 축구, 그
들은 강하다
이수열 지음 | 신국판 | 280쪽 | 8,500원
마라톤, 그 아름다운 도전을 향하여
빌 로저스·프리실라 웰치·조 헨더슨 공저
오인환 감수 | 지창영 옮김
4×6배판 | 320쪽 | 15,000원
인라인스케이팅 100%즐기기
임미숙지음 | 4×6배판변형 | 172쪽 | 11,000원
스키 100% 즐기기
김동환지음 | 4×6배판변형 | 184쪽 | 12,000원
태권도 총론
하웅의 지음 | 4×6배판 | 288쪽 | 15,000원
수영 100% 즐기기
김종만 지음 | 4×6판 변형 | 248쪽 |
13,000원
건강을 위한 웰빙 걷기
이강옥 지음 | 대국전판 | 280쪽 | 10,000원
쉽고 즐겁게! 신나게! 배우는 재즈댄스
최재선 지음 | 4×6배판 변형 | 200쪽 |
12,000원

해양스포츠 카이트보딩
김남용 편저 | 신국판(올컬러) | 152쪽 |
18,000원

골프

퍼팅 메커닉
이근택지음 | 4×6배판 변형 | 192쪽 | 18,000원
아마골프 가이드
정영호 지음 | 4×6배판 변형 | 216쪽 | 12,000원
골프 100타 깨기
김준모 지음 | 4×6배판 변형 | 136쪽 | 10,000원
골프 90타 깨기
김광섭 지음 | 4×6배판 변형 | 148쪽 | 11,000원
KLPGA 최여진 프로의 센스 골프
최여진 지음 | 4×6배판 변형(올컬러)
192쪽 | 13,900원
KTPGA 김준모 프로의 파워 골프
김준모 지음 | 4×6배판 변형(올컬러)
192쪽 | 13,900원
골프 80타 깨기
오태훈지음 | 4×6배판 변형 | 132쪽 | 10,000원
신나는 골프 세상
유응열 지음 | 4×6배판 변형(올컬러)
232쪽 | 16,000원
이신 프로의 더 퍼펙트
이신 지음 | 국배판 변형 | 336쪽 | 28,000원
주니어출신 박영진 프로의 주니어골프
박영진 지음 | 4×6배판 변형(올컬러)
164쪽 | 11,000원
골프손자병법
유응열 지음 | 4×6배판 변형(올컬러)
212쪽 | 16,000원
박영진 프로의 주말 골퍼 100타 깨기
박영진 지음 | 4×6배판 변형(올컬러)
160쪽 | 12,000원
10타 줄여주는 클럽 피팅
현세용·서주석 공저 | 4×6배판 변형
184쪽 | 15,000원
단기간에 싱글이 될 수 있는 원포인트 레슨
권용진·김준모 지음 | 4×6배판 변형(올컬러)
152쪽 | 12,500원
이신 프로의 더 퍼펙트 쇼트 게임
이신 지음 | 국배판 변형(올컬러) | 248쪽 |
20,000원
인체에 가장 잘 맞는 스킨 골프
박길석 지음 | 국배판 변형 양장본(올컬러)
312쪽 | 43,000원

여성·실용

결혼준비, 이제 놀이가 된다
김창규·김수경·김정철 지음
4×6배판 변형(올컬러) | 230쪽 | 13,000원

아동

꿈도둑의 비밀
이소영 지음 | 신국판 | 136쪽 | 7,500원
바리온의 빛나는 돌
이소영 지음 | 신국판 | 144쪽 | 8,000원

**셀프
리더십
코칭**

2016년 3월 25일 제1판 1쇄 발행

지은이 / 배은경
펴낸이 / 강선희
펴낸곳 / 가림출판사

등록 / 1992. 10. 6. 제 4-191호
주소 / 서울시 광진구 능동로 334 (중곡동) 경남빌딩 5층
대표전화 / 02)458-6451 팩스 / 02)458-6450
홈페이지 / www.galim.co.kr
전자우편 / galim@galim.co.kr

값 12,000원

ⓒ 배은경, 2016

저자와의 협의하에 인지를 생략합니다.

불법복사는 지적재산을 훔치는 범죄행위입니다.
저작권법 제97조의5(권리의 침해죄)에 따라 위반자는 5년 이하의 징역
또는 5천만원 이하의 벌금에 처하거나 이를 병과할 수 있습니다.

ISBN 978-89-7895-394-8 13320